LIZ GREENE

Das Composit

Standardwerke der Astrologie

LIZ GREENE

Das Composit

Im Horoskop das Wesen von Beziehungen erkennen

Aus dem Englischen übersetzt von Rolf Schanzenbach

Deutsche Erstausgabe
Aus dem Englischen von Rolf Schanzenbach

Umschlag: Walter Schneider
Umschlagfoto © Mauritius
Druck: Offizin Chr. Scheufele, Stuttgart

vihkiytynyt Swantje

Zu beziehen über den Buchhandel oder direkt beim
Chiron Verlag, Postfach 1250, D-72002 Tübingen
www. chironverlag.com

ISBN 3-9225100-75-X

Inhalt

Die Bedeutung des Composit-Horoskops[1]

Technische Gesichtspunkte

Das Composit-Horoskop basiert auf den Halbsummen zweier Geburtshoroskope.[2] Jeder Partner hat sein individuelles Horoskop – wenn wir uns allerdings mit dem Composit befassen, haben wir es mit einem dritten Gebilde zu tun, das sich von den beiden anderen abhebt. Das Composit muss anders untersucht werden, als wir es mit der traditionellen Methode der Synastrie zwischen den beiden Geburtsbildern gewohnt sind. Diese dritte Wesenheit lässt ganz besondere psychische Dynamiken und Ausdrucksformen einer Beziehung erkennen. Das Composit-Horoskop hat wahrscheinlich wenig Ähnlichkeit mit den beiden Grundhoroskopen und weist Konfigurationen auf, die bei keinem Horoskop der Partner enthalten sind. Es hat seine ganz besondere Ausprägung.

Bevor wir näher untersuchen, was uns das Composit-Horoskop über Beziehungen erkennen lässt, möchte ich darauf hinweisen, dass man in der Praxis eine ganze Reihe verschiedener Techniken anwenden kann. Während einer kritischen Phase der Beziehung ist es zum Beispiel sinnvoll, auf das progressive

1 Das Seminar wurde abgehalten am 27. April 1997 am Regents College in London im Rahmen des Seminarangebots für das Sommersemester des Centre for Psychological Astrology.

2 Es gibt nicht allzu viel Literatur zu diesem Thema. Zu empfehlen ist Robert Hand: Planeten im Composit, München 1991, Hugendubel. Das Buch stellt nach wie vor die beste Einführung ins Thema dar.

Composit-Horoskop zu schauen – also müssen wir wissen, wie man es berechnet. Es ist auch nützlich, das Composit und die beiden einzelnen Horoskope zu vergleichen sowie darauf zu achten, wie das progressive Composit beide Partner beeinflusst und wie die progressiven Horoskope beider auf das Composit einwirken. Die meisten astrologischen Programme können Composite berechnen – wir sollten aber in der Lage sein, sie »per Hand« zu erstellen. Erst dann wissen wir wirklich, womit wir es zu tun haben.

Wenn wir ein Composit-Horoskop ohne Computer berechnen, müssen wir für alle Planeten der beiden Horoskope die Halbsummen ermitteln. Wir addieren die Sonnenposition der einen Person mit Grad und Minute zu der der Sonnenposition des anderen Horoskops, ermitteln die Halbsumme zwischen beiden und haben damit die Composit-Sonne berechnet. Es empfiehlt sich jeweils mit der vollen Gradzahl zu arbeiten. Der Tierkreis beginnt bei 0° Widder, gefolgt von Stier bei 30°, Zwillinge bei 60°, Krebs bei 90° usw. Steht eine Sonne auf 5° Zwillinge und die andere bei 9° Krebs, so nehmen wir 65° und 99°, addieren beide Zahlen und berechnen den Mittelwert. Wir erhalten 82°, was 22° Zwillinge entspricht. So verfahren wir auch mit den anderen Planeten. Erhalten wir einen Halbsummenwert größer als 360°, so ziehen wir wieder 360 ab, um einen Tierkreisgrad zu erhalten.

Es gibt für jedes Planetenpaar zwei Halbsummen – die »nahe« und die »ferne», in Abhängigkeit davon, ob wir die Entfernung zwischen den Planeten in der Richtung des Tierkreises oder entgegengesetzt messen. Die beiden Halbsummen der Planetenpaare liegen einander stets genau gegenüber. Wenn die Sonne bei einem Partner auf 5° Krebs steht und beim anderen auf 5° Jungfrau, liegt die nahe Halbsumme bei 5° Löwe, die Mitte bzw. der Halbsumme der Entfernung von 60° zwischen den beiden Sonnenpositionen, gemessen gemäß der natürlichen Abfolge der Zeichen. Die ferne Halbsumme liegt bei 5° Wassermann – der Halbsumme der Entfernung von 300° zwischen den beiden

Sonnenpositionen, gemessen in der gegenläufigen Richtung im Tierkreis. Die Halbsumme, die im Composit für gewöhnlich Verwendung findet, ist die nahe, wenngleich dies manchmal zu modifizieren ist. Wir werden darauf später noch eingehen.

Bezüglich der Häuserspitzen und des Aszendenten gibt es unter Astrologen verschiedene Meinungen. Mir ist der Grund dafür nicht klar. Wenn wir ein Halbsummen-Horoskop erstellen, müssen wir für alles Halbsummen ermitteln – eben auch für beide Aszendenten, beide MC-Positionen und alle Häuserspitzen. Aus Gründen, die für mich nichts als der Ausdruck von kreativer Fruchtbarkeit des menschlichen Geistes sind, ist die folgende Idee entstanden: Man berechne die MC-Halbsumme zwischen den beiden Radix-Horoskopen und lese dann aus einer Häusertabelle gemäß Länge und Breite des Wohnortes des Paares den Composit-Aszendenten ab.

Das hört sich sehr interessant an. Welcher Gedankengang aber steckt dahinter? Partner leben nicht ständig zusammen. Ist es andererseits möglich, ein Composit-Horoskop für sich selbst und eine Person zu berechnen, der bereits 600 Jahre tot ist. Welche Länge und Breite setzen wir dann ein? Den Ort, an dem sich derjenige befindet, der noch am Leben ist? Bei der Beschäftigung mit den Auswirkungen wichtiger Transite über den Composit-Aszendenten habe ich festgestellt, dass es der Halbsummen-Aszendent ist, der beeinflusst wird, nicht derjenige, der auf Länge und Breite des Wohnortes des Paares beruht. Wenn es denn überhaupt einen Wohnort gibt, von dem man ausgehen kann.

Wenn wir ein Composit-Horoskop erstellt haben – ob nun mit dem Computer oder mit unseren persönlichen rechnerischen Fähigkeiten –, stoßen wir manchmal auf astronomische Anomalitäten. Vielleicht finden wir bei der nahen Halbsumme Merkur oder die Sonne in Opposition zur Venus. Einige Astrologen korrigieren dies, sodass alles astronomisch seine Richtigkeit hat. Nach meinem Gefühl aber sollten wir diese Anomalitäten bestehen lassen, und zwar deshalb, weil es sich nicht um ein reales Geburtshoroskop handelt, sondern um eine mathematische Abstraktion. Die Sonne in Opposition zur Venus in einem Composit-Horoskop bringt etwas sehr Wichtiges in der Beziehung zum Ausdruck, selbst wenn es sich um einen astronomisch unmöglichen Sachverhalt handelt. Das Composit-Horoskop aber stellt keine Abbildung des Himmels dar. Es hat nichts mit der tatsächlichen Stellung der Planeten zu tun.

Es gibt noch andere Ungereimtheiten. Wenn zwei Menschen die Sonne minutengenau auf demselben Grad in zwei gegenüberliegenden Zeichen haben, gibt es keine »nahe« Halbsumme. Augenscheinlich ist dies kein besonders häufiges Vorkommnis. Befindet sich die Sonne aber bei jemandem auf 3° 24' im Zeichen Widder und beim Partner auf 3° 24' in der Waage, könnte die Composit-Sonne entweder auf 3° 24' im Krebs oder 3° 24' im Steinbock stehen. Welche Halbsumme wählen wir dann? Wenn sich dies bei einem Planetenpaar ergibt, sollten wir auf die betreffenden Häuser des Radix-Horoskops schauen und uns dann für den Quadranten entscheiden, der dazu am besten passt.

1 plus 1 macht 3

Die Vorstellung, die dem Composit-Horoskop zugrunde liegt, ist die der Beziehung als drittem Faktor. Zwei Menschen, die etwas Drittes zwischen sich erschaffen. Das Composit-Horoskop ist ein Feld von Energie, das beide Menschen beeinflusst, das in beiden etwas frei setzt und das beiden seine eigene Dynamik auferlegt. Es bringt meiner Ansicht nach nicht zum Ausdruck, was die Partner füreinander empfinden. In dieser Beziehung hebt es sich deutlich vom Synastrie-Vergleich ab, der die »Chemie« zwischen zwei Menschen zum Inhalt hat und beschreibt, wie sich beide gegenseitig beeinflussen. Wenn wir den Horoskopvergleich für unsere Beziehung durchführen, äußern wir zum Beispiel: »Deine Venus steht auf meinem Mars. Du aktivierst meinen Mars und rufst marsische Reaktionen in mir hervor. Ich wiederum aktiviere deine Venus und erzeuge eine venusische Antwort in dir. Das führt zu bestimmten Empfindungen zwischen uns.« Wenn wir ein Composit-Horoskop betrachten, stellen wir uns nicht die Frage, was die Partner gegenseitig auslösen oder für den anderen empfinden. Wir interpretieren das Energiefeld, das sie zwischen sich erschaffen. Das Composit-Horoskop ist wie ein Kind, eine dritte Wesenheit, die die genetischen Abdrücke beider Eltern in sich trägt, diese aber auf eine vollkommen neue Weise kombiniert hat und für sich allein existiert.

Weil das Composit alle Faktoren eines Geburtshoroskops aufweist, müssen wir uns seiner Interpretation mehr oder weniger auf die gleiche Weise nähern. Das Composit trägt in seinem Kern eine Identität, die seinen »Zweck« (die Sonne) verkörpert sowie ein charakteristisches Muster von emotionalen Reaktionen und Bedürfnissen (der Mond). Es hat seine besondere Art der Kommunikation (Merkur) und individuelle Werte und Ideale (Venus). Es umfasst eine bestimmte Weise, Energie und Willenskraft zum Ausdruck zu bringen (Mars) sowie eine besondere Form des Wachstums und der Expansion (Jupiter). Weiterhin weist es individuelle Beschränkungen und Verteidigungsmechanismen auf (Saturn). Es besitzt eine spezifische Empfänglichkeit für das Kollektive gemäß den Mustern des kollektiven Hintergrundes der Beziehung (Chiron). Es spiegelt bestimmte kollektive Ideale nach Veränderung und Fortschritt wider (Uranus). Es lässt innerliche Hoffnungen erkennen, die bestimmten kollektiven Fantasien entsprechen (Neptun). Es hat einen fundamentalen Überlebensinstinkt, der sich günstig für den Bestand der Beziehung auswirken kann, aber auch destruktiv, wenn die Partnerschaft bedroht ist (Pluto). Es umfasst ein Bild oder eine Rolle, die von der Gesellschaft erwartet wird (MC) sowie eine »Persönlichkeit«, die sich auf bestimmte Weisen der äußeren Welt mitteilt (Aszendent). Die *Zeichen* im Composit-Horoskop bringen die Grundlage oder das »Temperament« zum Ausdruck, das die Beziehung kennzeichnet. Die *Planeten* wiederum beschreiben die Antriebskräfte und die *Häuser* die Lebensbereiche, in denen die Planeten zur Geltung kommen. All dies sind fundamentale astrologische Faktoren, die im Composit-Horoskop so wie im individuellen Geburtshoroskop auch zu untersuchen sind.

Die Beziehung als Wesenheit

Normalerweise fassen wir Beziehungen nicht als unabhängige Wesenheiten auf. Für uns sind unsere persönlichen Gefühle und Einstellungen das Entscheidende – oder die der anderen Person. Und doch hat jede Beziehung ihre eigene Atmosphäre. Niemand von uns verhält sich als Teil der Beziehung auf die gleiche Weise, wie er sich als Einzelner verhält. Wir haben bestimmte Verhaltensmuster, wenn wir allein sind – zusammen mit unserem Partner aber entsteht sofort eine dynamische Energie, die unser Verhalten beeinflusst, was in Gesellschaft anderer manchmal sehr spürbar ist.

Zwei Menschen, die miteinander verbunden sind, erschaffen eine bestimmte Atmosphäre um sich herum. Dies geschieht nicht aus einer bewussten Entscheidung heraus, sondern ergibt sich von selbst. Vielleicht lässt die Umgebung das Paar erkennen, welchen Eindruck es erzeugt: »Ihr wirkt so lebhaft und attraktiv«, sagt womöglich ein Freund oder: »Ihr führt ein so aufregendes, spannendes Leben.« Die Partner selbst aber denken vielleicht: »Wovon zum Teufel redet er? So ist es ja nun wirklich nicht!« Vielleicht gibt es im Composit einen Schütze-Jupiter am Aszendenten und die Waage am MC, weshalb andere die Beziehung als spannende und prachtvolle Jupiter-Venus-Wesenheit sehen. Der Saturn des einen Partners aber könnte in Konjunktion zum Mond sowie in Opposition zur Sonne des anderen stehen, wodurch der Synastrie-Vergleich zwischen den Horoskopen eher auf eine Beziehung wie Sisyphus und seinen Stein anstatt auf strahlende und ewige Anziehung schließen lässt. Auch das Gegenteil ist möglich. Im Composit steht vielleicht Saturn am Aszendenten und Chiron am MC, und die Außenwelt nimmt etwas Schweres an der Beziehung wahr. Im Synastrie-Vergleich aber sind viele Kontakte zwischen Venus, Jupiter und Uranus erkennbar, was für eine anregende Qualität der Partnerschaft steht, die nach außen hin aber nicht deutlich wird.

Wir können viel über die Achsen Medium Coeli / Imum Coeli und Aszendent/Deszendent des Composit-Horoskops in Erfahrung bringen, wenn wir andere fragen, wie sie die Beziehung wahrnehmen. Das kann geradezu schockierend wirken, weil die Antwort womöglich überhaupt nicht dem entspricht, was die Partner füreinander empfinden. Das Composit-Horoskop präsentiert sich der Welt – wie das Geburtshoroskop auch – gemäß seines Aszendenten und seines MC. Es hat einen herrschenden Planeten, der den Selbstausdruck der Beziehung auf ein bestimmtes Haus oder einen bestimmten Lebensbereich lenkt. Die Häuser des Composits wirken sich ähnlich aus wie die des Geburtshoroskops; sie spiegeln spezielle Betonungen wider, durch die sich die Dynamiken der Beziehung manifestieren. Wenn Composit-Planeten ein Composit-Haus betonen, ist der betreffende Lebensbereich von extremer Wichtigkeit für die Beziehung. Beide Partner sind dann gefordert, dem gerecht zu werden, selbst wenn dieses Haus in beider Geburtshoroskop leer ist. Eine Beziehung kann uns dazu bringen, dass wir uns mit spezifischen Lebenssphären auseinander setzen müssen, selbst wenn wir von Geburt aus weder dazu geneigt noch dafür ausgestattet sind.

Composit-Horoskope besitzen ihre eigenen Gesetze und Energien, die nichts damit zu tun haben, ob wir mit jemandem gut zusammenpassen oder nicht. Das Composit an sich sagt nichts über Verträglichkeit aus – das ist der Bereich der Synastrie. Das Composit enthüllt nicht, ob in der Beziehung die Chemie zwischen zwei Partnern »gut« oder »schlecht« ist. Was es zum Ausdruck bringt, ist Folgendes: »Wenn Sie sich für diese

Beziehung entschieden haben, sind deren Bedeutung und deren schicksalhaftes Muster in diesem oder jenem zu sehen. Sie besteht aus diesem oder jenem Grund und ihr Zweck liegt darin oder darin.« Wenn wir ein Gefühl dafür bekommen wollen, ob diese Bedeutung und Schicksalhaftigkeit gut für uns sind, müssen wir das Composit mit unserem eigenen Horoskop vergleichen.

Wenn wir einen Horoskopvergleich zwischen Composit und den Partner-Horoskopen durchführen, können wir viel darüber erfahren, wie sich die Beziehung auf die Gefühle der Beiden auswirkt. Wir können auch eine dritte Person hinzunehmen und deren Horoskop mit dem Composit vergleichen. Dies ist eine faszinierende Aufgabe. Nehmen wir einmal an, jemand ist lange mit einem Partner zusammen, hat aber auch einen Geliebten. Ich könnte nun das Horoskop des Geliebten untersuchen und schauen, wie es das Composit zwischen den Partnern beeinflusst. Damit bekäme ich ein sehr deutliches Bild, welchen Einfluss der Liebhaber auf die Beziehung hat. Wir können ebenfalls das Horoskop des Kindes in Beziehung zum Composit der Eltern setzen. Das ist ungemein nützlich, um familiäre Zusammenhänge zu verstehen. Einige Kinder wirken sich störend auf die elterliche Beziehung aus, während andere sie gerade zusammenhalten. Das kindliche Horoskop im Vergleich mit dem Composit der Eltern gibt hier zusätzliche Aufschlüsse. Wenn wir lediglich den Horoskopvergleich zwischen Kind und Mutter oder Vater durchführen, entgeht uns diese Dynamik womöglich.

Freiheit und Schicksal innerhalb der Beziehung

Die Arbeit mit Composit-Horoskopen lässt uns in Begriffen denken, die über das Individuelle hinausgehen. Was wir auch tun, es kommt zu Begegnungen mit anderen Menschen, und wir haben dabei wahrscheinlich nicht so viele Wahlmöglichkeiten wie bei der Auseinandersetzung mit unseren persönlichen Themen. Wenn jemand ein Sonne-Saturn-Quadrat in seinem Geburtshoroskop hat, kann er aktiv daran gehen, etwas damit anzufangen. Man muss nicht zu dessen Opfer werden, und es besteht keine Notwendigkeit, ausschließlich dessen dunkle Seite auszuleben. Dies kann in jungen Jahren ein schwieriger Aspekt sein und für tiefe Gefühl der Unsicherheit oder der Minderwertigkeit stehen. Der Mensch hat aber die Möglichkeit zu sagen: »Ich weiß, dass viele meiner Selbstzweifel mit meinem Vater und meiner Kindheit zusammenhängen. Ich stehe mir selbst im Weg, weil ich Angst vor hohen Zielen habe. Ich bin oft zu streng zu mir und erwarte zu viel. Ich versuche aber, an diesem Problem zu arbeiten. Ich will verstehen, worum es dabei wirklich geht. Vielleicht brauche ich eine Therapie, um zu lernen mir zu vertrauen. Ich werde versuchen mein Saturn-Zeichen zu entwickeln, um mehr Vertrauen zu bekommen.« Mit der Zeit könnte der Mensch dieses Sonne-Saturn-Quadrat zu etwas sehr Starkem und Kreativem machen – wenn er die dafür nötige Anstrengung aufzubringen bereit ist.

Wenn aber das Sonne-Saturn-Quadrat im Composit-Horoskop aufscheint, kann nicht die Beziehung zum Therapeuten gehen. Die Beziehung kann nicht aus eigenem Willen sagen: »Ich werde daran arbeiten, diese Gefühle der Beschränkung und des Selbstzweifels zu überwinden.« Die Beziehung »fühlt« keine Selbstzweifel. Beide Partner können an ihrem eigenen Saturn arbeiten. Vielleicht haben sie aber beide für sich kein Sonne-Saturn-Quadrat, und vielleicht haben sie nicht die geringste Ahnung, was es ist, das ihnen in der Beziehung bei den gemeinsamen Zielen im Weg steht und ihnen einen Strich durch die Rechnung macht. Die äußerlichen Beschränkungen, die mit einem Sonne-Saturn-Quadrat im Composit häufig einhergehen, können von vollkommen unpersönlicher Art und jenseits der individuellen Kontrollmöglichkeiten sein.

Diese unpersönliche Note des Composit-Horoskops ist uns möglicherweise sehr unsympathisch, wenn wir psychologisch orientiert sind. Die psychologische Astrologie geht von der individuellen Verantwortung aus sowie von der Überzeugung, dass wir vieles in unserem Leben ändern können, wenn wir zur innerlichen Arbeit bereit sind. Weil wir das Geburtshoroskop als innerliches Bild sehen, können wir Verantwortung dafür übernehmen, wie wir es zum Ausdruck bringen; die Bewusstheit ist es, die den Unterschied ausmacht. Der psychologische Ansatz in der Astrologie erlaubt uns, viele Dinge zu transformieren, wenn wir denn hart genug daran arbeiten. Allerdings ist auch der Trugschluss möglich, dass man alles ändern könnte – einiges aber liegt jenseits des persönlichen Einflussbereichs. Ich will nun allerdings nicht darauf hinaus, dass Composit-Horoskope nichts Psychologisches hätten oder dass wir diesen Ansatz bei ihrer Interpretation vollständig aufgeben müssten. »Psychologisch« bedeutet aber nicht immer frei und Veränderung könnte sich auf die Einstellung der Partner zur Verbindung beziehen, weniger auf eine Veränderung im Rahmen der Partnerschaft selbst.

Wir können die fundamentalen Muster des Composit-Horoskops nicht ändern, so sehr wir es auch versuchen mögen. Natürlich lässt sich das Gleiche auch vom individuellen Horoskop sagen. Wir scheinen aber mehr Einflussmöglichkeiten hinsichtlich der Ebenen zu haben, auf denen wir unsere Radix-Muster zum Ausdruck bringen. Diese hängen mit der inneren Empfindung zusammen – ob sie nun richtig ist oder nicht –, dass wir aktiv an unserer persönlichen Zukunft Anteil haben oder diese gar selbst erschaffen. Vielleicht trifft dies, zumindest auf einige Bereiche des Lebens, zu. Das Composit-Horoskop aber konfrontiert uns mit einer anderen Erfahrung, möglicherweise auch mit einer anderen Realität. Wir können Änderungen vornehmen bezüglich der Weise, wie wir auf die Muster im Composit reagieren, und wir können versuchen, kreative Ventile für dessen Energie zu schaffen. Aber selbst bei der bestmöglichen Zusammenarbeit mit dem Partner vermitteln uns die Muster des Composits das Gefühl, dass sie jenseits der persönlichen

Einflussnahme liegen. Das Composit bringt nicht zum Ausdruck: »Dies ist eine schlechte Beziehung – mach Schluss damit.« Was es aussagen könnte, ist Folgendes: »Diese Beziehung weist eine innerliche Beschränkung auf, die keiner der beiden Beteiligten ändern kann. Wenn ihr diese Beziehung wollt, müsst ihr das akzeptieren.« Enthält das Composit-Horoskop ein Sonne-Saturn-Quadrat oder eine Sonne-Chiron-Konjunktion, ist das eine Art eingebaute Beschränkung, häufig von sehr konkreter Natur. Diese Beschränkung kann sich zwar als kreativ und positiv für einen oder beide Partner erweisen; beide aber werden den Eindruck haben, dass ihnen etwas auferlegt wurde. Das Sonne-Saturn-Quadrat oder eine Sonne-Chiron-Konjunktion im Geburtshoroskop steht ebenfalls für innerliche Beschränkungen, die wir aber auf eine ganz andere Weise erleben.

Teilnehmer: Würden Sie uns ein Beispiel für die Probleme geben, die mit den gerade erwähnten Aspekten zusammenhängen können?

Liz: Nehmen wir einmal die Sonne-Chiron-Aspekte im Composit-Horoskop. Mir sind diese häufig aufgefallen bei Paaren, die es mit Beschränkungen aus der Vergangenheit zu tun haben, denen sie nicht ausweichen können. Die Vergangenheit könnte sich als ein ehemaliger Partner manifestieren, der hohe Unterhaltszahlungen fordert, oder es ist ein Kind aus einer früheren Ehe. Die Situation kann sehr viel Leid verursachen, besonders dann, wenn es Kinder gibt. Wie reif und bewusst die Partner auch sein mögen, zwangsläufig wird es zu Konflikten, aufgespaltener Loyalität, Gefühle der Enttäuschung und vielleicht auch zu finanziellen Beschränkungen kommen. Es handelt sich nicht darum, die Einstellung zu verändern; von vornherein haben alle Familien – worunter auch Paare fallen – etwas, das Grenzen setzt. Wenn ein Paar unter solchen Umständen keine Grenzen wahrnimmt, gibt es im Composit-Horoskop aller Wahrscheinlichkeit nach keine Sonne-Chiron-Verbindung.

Wir wissen, dass Chiron mit Wunden zusammenhängt, vor

allem mit solchen, die ungerecht und unverdient scheinen und die eher auf kollektive Strömungen einer bestimmten Zeit als auf persönliche Fehler oder eine individuelle Übeltat zurückgehen. Sonne-Chiron-Kontakte im Composit legen nahe, dass die Beziehung selbst an einer unheilbaren Wunde aus der persönlichen Vergangenheit leidet – oder aber aus der Natur der allgemeinen Verhältnisse ihrer Umwelt. Dabei aber könnte sich die Beziehung als überaus heilsam erweisen für die Partner oder auch für andere, die mit ihnen in Kontakt kommen, weil die innewohnenden Grenzen Leid erfahren lassen und in der Folge davon zu Verständnis und Mitgefühl führen.

Sonne-Chiron ist mir manchmal in Composit-Horoskopen von Paaren aufgefallen, die sich sehnlichst ein Kind wünschten, aber keines bekommen konnten. Dabei handelt es sich um eine Wunde, die Menschen intensiv darüber nachdenken lässt, wer sie sind und welchen Zweck ihr Leben hat – weil ihnen der gesellschaftlich akzeptierte »Zweck« der Familie nicht offen steht. Ein anderes Beispiel ist die Beziehung mit einem großen Altersunterschied, in der der jüngere Partner den anderen alt und hinfällig werden sieht. Auch noch so viel Liebe und Aufopferung kann die Uhr nicht zurückdrehen. Oder es gibt eine körperliche Behinderung bei einem Partner, die zwar vollständig akzeptiert ist, die aber trotzdem das Paar in seiner Mobilität beschränkt. Und noch ein Beispiel: eine Beziehung zwischen Menschen unterschiedlicher Rasse oder des gleichen Geschlechts, die zu feindseligen Reaktionen der Nachbarn führen könnte, welche fremdenfeindlich oder zu starr in ihrer Auffassung von Normalität sind. Fremdenfeindlichkeit und starre Lebensanschauungen sind für viele, viele Menschen typisch; und dieser unglückliche Zug der menschlichen Natur wird weiter Bestand haben, zu wie viel Leid und Wut er auch führt. Beide Partner können Wunden durch die Beziehung davontragen, nicht weil sie »schlecht« ist, sondern weil sie in ein Kollektiv eingebettet ist, das ihre Möglichkeiten begrenzt.

Teilnehmer: Sind Sie der Ansicht, dass das Composit-Horoskop ein statisches Bild ist? Kann es nicht doch eine Heilung geben?

Liz: Ich sage nicht, dass es ein statisches Bild ist. Was die Heilung betrifft, hängt es davon ab, wie Sie diesen Begriff verstehen. Chiron-Wunden heilen nicht in dem Sinn, dass sie verschwinden. Etwas hat seine Form verloren, auch wenn das Gift jetzt freigesetzt ist und abgebaut wird. Es gibt kein Zurück mehr zu dem Zustand der Unschuld, wenn Wunden, wie dieser Planet sie reflektiert, einmal geschlagen worden sind. Die Einstellung aber, die man der Wunde entgegenbringt, kann sich ändern; Mitgefühl, Weisheit und eine größere Akzeptanz können daraus resultieren. Dies stellt ebenfalls eine Art von Heilung dar – die die Vergangenheit aber nicht ungeschehen machen kann. Man kann zum Beispiel nicht die Kinder, die aus einer früheren Beziehung stammen, verschwinden lassen. Man kann versuchen, die Wunde zu betäuben, indem man sich von den Kindern emotional abschottet und sie nie wieder sieht; dann gibt es eine andere Art von Wunde, mit der man umgehen muss. Man kann aber auch hart daran arbeiten, allen emotionalen Komplikationen ins Auge zu sehen und anschließend lohnende Beziehungen zu allen Beteiligten herzustellen. Damit sind allerdings immer Kompromisse, Traurigkeit und ein Gefühl des Verlustes verbunden. Derartige Aspekte im Composit-Horoskop bedeuten nicht, dass die Auswirkungen der Probleme statisch und nicht zu verändern sind. Beide Partner können einer tief greifenden und ständigen Transformation unterliegen. Die Vergangenheit aber kann nicht ungeschehen gemacht werden.

Das Composit-Horoskop wirkt sich in der Progression wie das Geburtshoroskop aus, was deutlich macht, dass es in der Beziehung genauso wie im Individuum zu Veränderungen kommt. Das Composit als Einheit aber bedeutet nicht die gleiche Fähigkeit wie beim Individuum, aus eigenem Willen für eine Veränderung einzutreten oder gegen etwas zu kämpfen; es ist kein bewusstes Individuum. Beide Partner mögen zusammen daran arbeiten bewusster zu werden; und die Art und Weise, wie sie die Beziehung erleben, kann sich dementsprechend ändern. Die grundsätzlichen Muster der Verbindung entwickeln sich wie ein Samenkorn zu einer Pflanze, gemäß der natürlichen Unausweichlichkeit, die unserem egozentrierten Bewusstsein fremdartig vorkommt.

»Innerhalb« und »außerhalb« der Beziehung

Teilnehmer: Vermutlich wird auch das Composit durch Transite beeinflusst.

Liz: Ja. Darauf werde ich im Detail später noch eingehen. Das Composit-Horoskop reagiert auf Transite. Jedes Mal, wenn sich ein wichtiger Transit zu einem Composit-Punkt ergibt, ereignet sich etwas in der Beziehung. Es kommt zu Veränderungen, welche aber häufig mit sehr unpersönlichen Gefühlen einhergehen. Wir sehen zum Beispiel, dass Pluto im Transit bald auf die Composit-Sonne kommt. Bei diesem Transit im Geburtshoroskop würden wir der betreffenden Person sagen: »In den nächsten ein, zwei Jahren wird Pluto immer wieder vorwärts und rückwärts über deine Sonne laufen. Vielleicht solltest du deshalb schon jetzt anfangen, dich darauf vorzubereiten. Stell dich darauf ein – ein Kapitel deines Leben endet dann, ein neues beginnt. Dein Identitätsgefühl und das, was du willst, die Rolle, die du in der Welt spielen möchtest, deine Ziele und Werte, all das wird sich jetzt zwangsläufig ändern. Du musst nun womöglich das eine oder andere loslassen, um in eine neue Richtung gehen zu können und eine neue persönliche Identität zu entwickeln. Fange an, darüber nachzudenken – so kannst du dem Transit kreative Kanäle eröffnen, und so vermeidest du, gegen das anzukämpfen, was für dich doch notwendig ist.«

Wenn Pluto über die Composit-Sonne läuft, ergeben sich ganz andere Gefühle. Sehen wir dies bei einem Klientenpaar im Composit, könnten wir fraglos sagen: »Ein Kapitel Ihrer Beziehung geht zu Ende, und ein neues beginnt. Es ist ratsam, sich darauf einzustellen.« Die Veränderungen aber resultieren dem Anschein nach nicht aus den persönlichen Gefühlen und Aktivitäten der beiden – wenngleich beide über eine lange Zeit hinweg die aktuelle Situation erschaffen haben mögen. Während sich die Partner für sich allein vorbereiten können, folgt die Beziehung einem Verlauf, der Teil ihres Schicksals ist. Ein Paar könnte beispielsweise ungeplant ein Kind bekommen, was die nicht wieder rückgängig zu machende Veränderung unter diesem Transit wäre. Eine Beziehung könnte aber auch durch solch unpersönliche Faktoren wie zum Beispiel einen Krieg enden. Die Partner verlieren womöglich ihre Heimat und müssen in einem anderen Land ein neues Leben beginnen. All diese Ereignisse fußen auf einer ganzen Reihe von Entscheidungen in der Vergangenheit, ob nun bewusst getroffen oder nicht. Die Effekte und Auswirkungen solcher Entscheidungen sind beim besten Willen nicht vorauszusehen, was bedeutet, dass die Beziehung ihren besonderen Verlauf nehmen wird.

Teilnehmer: Ist das Composit-Horoskop insofern eher äußerlich als innerlich?

Liz: Ich glaube nicht. Es kann aber den Anschein haben, dass etwas anderes die Entscheidung für uns getroffen hat und dass dieses Etwas nicht »denkt« und »fühlt«, wie Menschen es tun. Composit-Horoskope basieren auf den Halbsummen zwischen zwei Menschen und bringen ein Muster zum Ausdruck, das zwei Menschen in einer Beziehung erschaffen. Transite zum und progressive Aspekte im Composit beschreiben die Weise, wie die Welt auf die Beziehung einwirkt sowie das Muster seiner inneren Entwicklung. Weil es das Produkt zweier Menschen ist, stellt es in diesem Sinn kein »Etwas anderes« außerhalb der beiden dar, das für sie Entscheidungen trifft. Die Beziehung als separate Einheit spiegelt keinen der beiden Partner als Individuum, und das Compositհoroskop mag daher fremd und »äußerlich« erscheinen. Im äußerlichen Sinn scheinen Transite bei Compositen mit Auswirkungen einherzugehen, die als geradezu klassisch aufgefasst werden können. Das ist allerdings nicht immer der Fall, besonders dann nicht, wenn der Transit einem Planeten in einem schwerer fassbaren Haus wie dem 12. gilt. Bei einem machtvollen Transit über beispielsweise den Aszendenten oder die Sonne des Composit-Horoskops wird sich die meiste Zeit über etwas in der Beziehung auf einer offensichtlichen, konkreten Ebene ereignen. Das, was geschieht, muss nicht unmittelbar mit beiden Partnern zusammenhängen, wenngleich die Geschehnisse die astrologische Bedeutung der betreffenden Planeten genau widerspiegeln werden.

Dazu ein Beispiel: Die Mutter des Partners zieht bei einem Paar ein und muss betreut werden, wenn Saturn im Transit auf den Composit-Mond im 4. Haus kommt. Oder die Frau muss eine lange Geschäftsreise antreten, wenn Uranus im Transit gegenüber der Composit-Venus im 9. Haus steht. Es liegt eine bestechende Einfachheit darin, wie sich diese Transite auswirken. Der Mann könnte seine Mutter in einem Altenheim unterbringen, die Frau könnte kündigen und sich nach einer anderen Beschäftigung umsehen. Für gewöhnlich besteht aber, wenn die Zeit des Transits gekommen ist, nicht wirklich eine Wahlmöglichkeit – weil die Situation verlangt, dass die Dinge auf eine bestimmte Weise geschehen. Der Ablauf geht weniger vom Paar selbst aus. Es ist schwer, dies psychologisch aufzuarbeiten – was wir tun könnten, wenn Saturn über den Radix-Mond laufen würde. Was wir aber tun können, ist, die Entscheidung zu treffen, gemäß unserer persönlichen Ebene von Bewusstheit zu reagieren. Die Last oder Verantwortung, die von Saturn im Transit über den Composit-Mond angezeigt und vom Einzug der kranken Mutter widergespiegelt wird, kann zu den verschiedensten Reaktionen führen, die wiederum damit zusammenhängen können, wie wir mit der Situation umgehen wollen. Nichtsdestotrotz stellt uns das Composit-Horoskop häufig vor vollendete Tatsachen.

Entscheidungen und Konsequenzen sind über die Zeit hinweg miteinander verschränkt, sie stellen keine Serie von unabhängigen, einzelnen Vorfällen dar. Es gibt einen Punkt, wo die individuellen Wahlmöglichkeiten und Fähigkeiten keine Rolle mehr spielen; und wenn unsere Begegnungen mit anderen Menschen zu einer solchen Kette von gemeinsamen Entscheidungen und Folgerungen führen, liegt das Endergebnis nicht mehr in unserer Hand. Bei Compositen ist es ein Produkt dessen, was beide Menschen darstellen, was sich im Gegenzug in den Entscheidungen niederschlägt, die beide treffen – gleichermaßen aber in den Entscheidungen, die getroffen wurden, bevor die Beziehung begann, und denen, die die Familien noch vor deren Geburt trafen. Ich will damit nicht sagen, dass Composit-Horoskope sich grundsätzlich auf eine andere Weise auswirken als Radix-Horoskope, was Schicksalhaftigkeit betrifft. Wie ich aber anführte, können sie ein befremdliches Gefühl der Unpersönlichkeit vermitteln.

Schwer wiegende Transite im Composit müssen sich nicht notwendigerweise »schlecht« auswirken. Pluto im Transit über die Composit-Sonne könnte für die Geburt einer Beziehung stehen, für die Zeit, wann sich die beiden Menschen tatsächlich begegneten; gleichermaßen symbolisiert dieser Transit häufig das Ende einer Verbindung. Erinnern wir uns daran, dass das Composit-Horoskop ein für alle Mal Bestand hat – es gibt bei ihm keinen »Anfang« und kein »Ende« aufgrund der Tatsache, dass es eine abstrakte Landkarte darstellt, die nur dann eine Bedeutung erhält, wenn die beiden Menschen tatsächlich in Kontakt miteinander kommen. Transite und Progressionen im Compositheroskop lassen für gewöhnlich recht deutlich erkennen, wann diese direkte Auseinandersetzung begann. Wir können aber auch ein Composit zwischen uns und einem Film- oder einem Popstar berechnen, den wir niemals treffen werden. Obwohl das Composit eine zutreffende Landkarte darstellt, bleibt es dann dem Bereich des ungelebten Potenzials verhaftet.

Kein astrologischer Faktor ist von seinem Wesen her ausschließlich ungünstig. Oftmals spiegeln sich der vermeintliche »Übeltäter«-Planet und negative Aspekte in der Beziehung in sehr positiven, konstruktiven Vorfällen wider. Wir müssen ebenfalls immer vor Augen haben, dass wir uns als Individuen schlecht fühlen können, wenn wir einen schwierigen Transit zum Radix erleben. Die Beziehung als solche aber kennt kein Sich-schlecht-Fühlen, wenn das Composit von einem problematischen Transit berührt wird. Der Transit beschreibt lediglich, wie sich die Dinge gerade in der Partnerschaft entwickeln. Es ist der einzelne Mensch, der aus individuellen Gründen womöglich eine negative Reaktion auf ein Transit-Quadrat oder eine Transit-Opposition im Horoskop zeigt. Eine Herausforderung der Beziehung dürfte auch weniger Angst und Alarmbereitschaft hervorrufen als eine Herausforderung des Individuums. Nur dann, wenn der gleiche Transit auch das individuelle Horoskop trifft, könnten wir unter solchen »schlechten« Gefühlen zu leiden haben. Das gilt aber sogar für den Fall, dass das Endergebnis des Transits sehr positiv ist.

Daraus kann man sehr viel lernen. Der Saturn-Transit über den Composit-Mond kann mit dem Einzug der Schwiegermutter zusammenfallen – was aber nicht zwangsläufig bedeutet, dass der Vorfall »schmerzhaft« oder »deprimierend« sein muss. Es ist der einzelne Mensch, der die zusätzliche Verantwortung womöglich nicht akzeptieren will. »Negative Gefühle« sind eher typisch für den Transit von Saturn über den Radix-Mond. Das Composit dagegen beschreibt keine individuelle Psyche; und Veränderungen innerhalb der Beziehung reflektieren keine emotionalen Konflikte, wie sie in einer Person auftreten können. Wir sind komplexe Wesen und reagieren auf Veränderungen häufig mit Furcht und Wut, selbst dann, wenn wir uns für die Veränderung entschieden haben. Die Beziehung als eine Einheit wandelt sich gemäß der Transite und Progressionen im Composit auf eine natürliche Weise. Wenn aber ein machtvoller Transit das Geburtshoroskop einer Person auslöst, werden psychologische Verteidigungsmechanismen aktiviert. Wie erleuchtet wir auch sein mögen, wir könnten doch gegen das Unbekannte ankämpfen, selbst wenn wir wissen, dass es gut für uns sein wird. Ängste können an die Oberfläche aufsteigen, besonders dann, wenn Probleme aus der Kindheit berührt sind. Ein Composit aber hat keine Kindheit.

Chiron, Pluto oder Saturn auf der Sonne oder dem Mond im individuellen Horoskop können mit schmerzhaften emotionalen Erfahrungen zusammenfallen, in Zusammenhang damit, dass innerliche Konflikte aktiviert sind. Wir mögen erkennen, dass diese Transite sich tatsächlich zu unserem Besten auswirken – trotzdem aber bekämpfen wir sie womöglich auf der emotionalen Ebene, weil wir die Themen, die damit verbunden sind, nicht schätzen. Dann kämpfen wir gegen den Transit an und schaffen uns zusätzliche Probleme. Die Einheit aber, die durch das Composit beschrieben ist, kämpft nicht gegen sein Muster der Entfaltung, weil es keine menschliche Psyche hat. Häufig erweist sich der gleiche planetarische Einfluss, den wir im individuellen Horoskop von unserer persönlichen Erfahrung eines bestimmten Transits her als »schrecklich« einschätzen, im Composit als bereichernd und belohnend. Falls es zu Veränderungen kommt, handelt es sich oftmals um solche, die beide Partner begrüßen. Das mag der Tatsache, dass wir an unserem Composit nicht wie an unserem individuellen Horoskop »arbeiten« können, etwas von ihrer Bitterkeit nehmen.

Bewusstheit und Orben

Vielleicht ist es notwendig, uns tiefgehender mit den philosophischen und psychologischen Bedeutungen des Composit-Horoskops auseinander zu setzen. Wenn wir das Horoskop einer Person untersuchen, müssen wir uns mit dem Thema der Orben befassen. Wir wachen nicht eines Donnerstagmorgens um halb acht auf, und Saturn befindet sich plötzlich genau auf der Radix-Sonne. Wir können einen aufkommenden Transit bereits zehn Grad vor der exakten Auslösung spüren – genau so, wie wir dessen Nachwirkungen noch bis zu zehn Grad hinter dieser Position wahrnehmen können. Bestimmte psychologische Prozesse wirken unter der Oberfläche bereits während der Annäherungsphase. Häufig künden Träume von der Bedeutung des Transits, lange bevor etwas an die Oberfläche kommt. Wie dem auch sei – Vorfälle, die mit dem Transit in Verbindung stehen, können sich lange vor und lange nach der exakten Auslösung ergeben. Und die innerlichen Prozesse kommen erst dann zum Abschluss, wenn der Transit abebbt. Die Transite der äußeren Planeten brauchen viel Zeit, um sich zu entfalten, und kleinere Kontakte wie die von Mars oder ein Neu- oder Vollmond können den größeren Transit mehrere Male aktivieren, während er sich aufbaut und schließlich verebbt.

Man kann häufig feststellen, dass Vorfälle exakt mit Transiten im Composit zusammenfallen. Orben haben auch im Composit ihre Bedeutung, und die äußeren Planeten brauchen auch hier ihre Zeit zur Entfaltung und zum Abklingen. Es geht aber um keine individuelle Psyche. Daraus resultiert für mich die Frage: Was geschieht in der Beziehung während der Entfaltung und des Abklingens eines Composit-Transits? Und können wir als Individuen ihn irgendwie beeinflussen? Wir alle verfügen über eine Bewusstheit, die uns spüren lässt, dass irgendetwas vor sich geht, und wir können uns aktiv damit auseinander setzen, es unterdrücken oder dagegen ankämpfen, ganz wie wir wollen. Die Art unserer Reaktionen mag die Art, wie sich die Dinge manifestieren, beeinflussen. Dies konfrontiert uns mit dem weiten Feld, ob die Geschehnisse in unserem Leben schicksalhaft sind oder von uns selbst geschaffen werden. Die individuelle Bewusstheit scheint einen Einfluss darauf zu haben, wie sich Transite manifestieren. Im Composit wiederum ist ebenfalls etwas am Wachsen, keines der Individuen hat darauf allerdings eine Zugriffsmöglichkeit. Ich habe keine Ahnung, ob es hinsichtlich der Auswirkungen eines Transits einen Unterschied macht, ob die beiden Personen aktiv mit den Energien des Composits arbeiten – abgesehen davon, wie sie sich fühlen. Ich denke, dass wir heute noch mehrfach auf diese Frage zu sprechen kommen werden.

Teilnehmer: Ist das mit der Arbeit an Länder-Horoskopen vergleichbar?

Liz: Es besteht eine gewisse Ähnlichkeit. Ein Land kann ebenso wenig wie eine Beziehung sagen: »Ich glaube, ich muss mich mit meinem aufkommenden Saturn-Transit auseinander setzen.« Ein Länder-Horoskop stellt eine Wesenheit dar, die einen tatsächlichen Geburtsmoment aufweist – im Gegensatz zum Composit. Es reagiert aber ebenfalls auf eine sehr unpersönliche oder auch naturgemäße Weise auf Transite. Man könnte hier einen Zusammenhang zu der Ebene von Bewusstheit des Volkes sehen. Ich habe aber keine Ahnung, in welchem Ausmaß ein Composit durch die Bewusstheit der betreffenden zwei Personen beeinflusst wird. Ich bin sicher, dass ein solcher Einfluss gegeben ist. Wo allerdings dessen Grenzen liegen, dazu habe ich keine Meinung.

Teilnehmer: Insofern ist das Composit schicksalsbetonter.

Liz: Ich weiß nur, dass es den Eindruck von Schicksalhaftigkeit erweckt. Dieses Gebiet ist zu subjektiv und komplex. Und ich habe keine Ahnung, was »Schicksalhaftigkeit« in Begriffen der individuellen und kollektiven, einander beeinflussenden Wahlmöglichkeiten und Konsequenzen bedeutet.

Ein Beispiel: Sonne-Uranus im Composit

Befassen wir uns einmal mit einer Sonne-Uranus-Konjunktion. Wenn wir einen solchen Aspekt in einem Geburtshoroskop sehen, gibt es die verschiedensten Bedeutungsebenen, wie wir darüber mit dem Klienten reden können. Wir könnten sagen: »Sie brauchen sehr viel Freiraum und Unabhängigkeit; Sie können sich wahrscheinlich nicht mit autoritären Strukturen arrangieren, und Sie genießen es, an bahnbrechenden neuen Ideen zu arbeiten.« Wir könnten uranische Schlüsselworte wie »exzentrisch« oder »erfindungsreich« anwenden. Wir könnten es auch psychologisch angehen und sagen: »Sie scheinen sich als Kind Ihrem Vater nicht nahe gefühlt zu haben. Vielleicht war er nicht greifbar – ob nun im körperlichen oder im emotionalen Sinn. Vielleicht hatten Sie aber auch den Eindruck, seinen herausragenden intellektuellen Qualitäten oder seinen Ansprüchen nicht gerecht werden zu können. Dieses Vaterbild aber ist eine innerliche Vorstellung, eine Dimension Ihres eigenen Wesens, und Sie haben sich womöglich unrealisierbar hohe Maßstäbe gesetzt, die innerlich sehr viel Druck erzeugen.«

Wir könnten womöglich feststellen, dass dieser Mensch für neue kollektive Ideen und Visionen aufgeschlossen ist. Er sollte einen Platz im Leben finden, der einen Beitrag für das umfassendere Kollektiv möglich macht. Wir könnten sagen: »Sie würden vielleicht die größte Erfüllung finden, wenn Sie in einem Bereich arbeiten, in dem Sie zum menschlichen Fortschritt gemäß Ihren persönlichen Idealen und Gaben beitragen können. Die Sonne beschreibt Berufung und Lebenszweck, und Uranus hat mit der Evolution des größeren Systems zu tun.« Jetzt wollen wir einmal annehmen, im Composit-Horoskop eines Paars steht die Sonne in Konjunktion zu Uranus. Was könnte das Ihrer Meinung nach über die Beziehung aussagen?

Teilnehmer: Unbeständigkeit.

Liz: Damit ist unbedingt zu rechnen. Wie könnte sich das auswirken? Sonne-Uranus im Composit muss nicht notwendigerweise heißen, dass die Beziehung zerbrechen wird. Es wird aber immer ein Element der Unvorhersehbarkeit geben, weil ihr Wesen uranisch ist – was heißt, dass sie ein Ventil für neue Ideen und Eingebungen ist, die sich in der kollektiven Psyche ergeben. Mit dieser Prägung wird sich die Beziehung einem festen Fundament wie bei Sonne in Konjunktion zu Saturn verweigern – ansonsten könnte sie ihrem Zweck nicht gerecht werden. Je mehr etwas in der Erde verwurzelt ist, desto weniger Aufgeschlossenheit besteht für die Enthüllungen des luftigen Bereichs der Inspiration.

Man könnte dasselbe über einen Menschen mit der Sonne in Konjunktion zu Uranus sagen. Wir könnten ihm den Ratschlag geben, dass er sich kreative Kanäle suchen muss, durch welche die progressiven und anarchischen Qualitäten von Uranus zum Ausdruck kommen können. Beim Composit können wir entsprechend dem Paar raten, sich ein gewisses Maß an Unkonventionalität zu bewahren. Traditionelle Rollen und allzu starre Strukturen der Sicherheit sind hier wahrscheinlich keine gute Idee. Gemeinsame politische, soziale oder spirituelle Aktivitäten könnten ein konstruktives Ventil für eine uranisch geprägte Partnerschaft sein. So gut dieser Ratschlag aber auch sein mag – womöglich sind beide Partner von ihrem Temperament her nicht in der Lage, ihn umzusetzen.

Teilnehmer: Ich denke, es wäre eine sehr kreative Partnerschaft.

Liz: Das trifft zu – zumindest vom Potenzial her. Der »Zweck« der Beziehung – ihre solare Essenz – besteht darin, ein Kanal der kollektiven Inspiration zu sein. Sehr viel hängt hier davon ab, wie weit dies die beiden Partner beeinflusst und ob sie sich auf Uranus einstimmen können. Das ist der Grund, warum wir das Composit auch mit dem individuellen Horoskop vergleichen müssen. Nehmen wir einmal an, die Composit-Sonne befindet sich auf 13° im Steinbock und der Composit-Uranus in Opposition dazu auf 15° im Krebs. Das Composit bildet die Beziehung auf eine markante Weise als Wesenheit ab. Dieses Paar kann nicht – wie konservativ und verwurzelt und erdbetont und sicherheitsorientiert es auch sein mag – das uranische Moment aus der Beziehung heraushalten.

Wenn einer der Partner Uranus am MC im Trigon zur Sonne und die andere Person eine eher schwache Uranus-Position aufweisen sollte, könnte Ersterer es auf sich nehmen, die uranischen Qualitäten in der Beziehung zum Ausdruck zu bringen. Das mag zu großen Problemen führen – Uranus auszuleben kann bedeuten, eines Morgens aufzustehen und zu gehen. Wenn keiner der beiden imstande ist, mit Uranus zurechtzukommen,

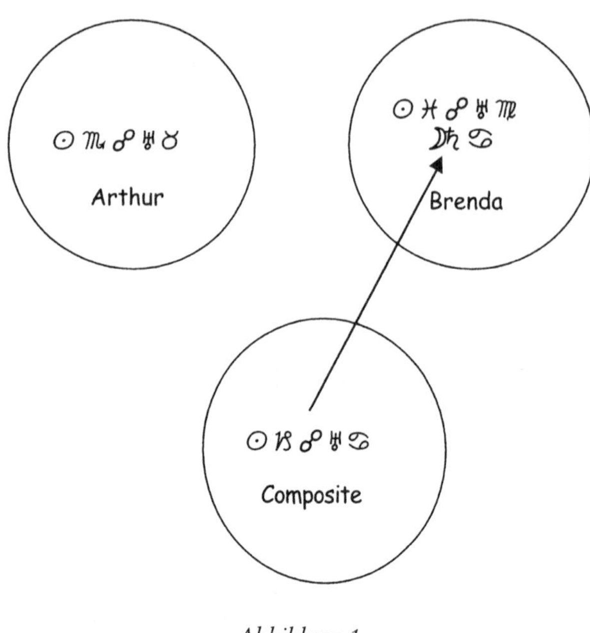

Abbildung 1

könnte dieser sich in einer äußerlichen Situation manifestieren, die Instabilität oder die Trennung zur Folge hat. Wenn beide in der Lage sind, sich mit Uranus zu arrangieren oder es zumindest versuchen, bestehen kreativere Aussichten. Ein Mensch mit Sonne-Uranus wird von seinem Inneren aus getrieben, diesen Aspekt anzuerkennen und zu entwickeln – weil es sein eigener ist. Was aber soll die Beziehung, in der sich keiner der Partner für Uranus verantwortlich führt, mit Sonne-Uranus im Composit anfangen? Die Partner sind schließlich so, wie sie sind.

Kehren wir noch einmal zu unserem hypothetischen Paar mit der Composit-Sonne auf 13° Steinbock in Opposition zum Composit-Uranus auf 15° Krebs zurück. Nennen wir die beiden Arthur und Brenda. Partner A (Arthur) hat die Sonne auf 8° Skorpion, in Opposition zu Uranus auf 13° im Stier. Bei

Partner B (Brenda) steht die Sonne auf 18° in den Fischen, in Opposition zu Uranus auf 17° in der Jungfrau. In diesem Fall ergibt sich im Composit eine Sonne-Uranus-Opposition, weil beide Geburtshoroskope diese Konfiguration aufweisen – damit erscheint sie zwangsläufig auch im Halbsummen-Bild. So weit, so gut. Beide Partner sind Uranier insofern, als dass bei beiden die Sonne durch einen starken Aspekt mit Uranus verbunden ist. Bei Brenda findet sich allerdings noch eine Mond-Saturn-Konjunktion auf 15° im Krebs.

Diese Verbindung in Brendas Horoskop macht das Ganze komplizierter. Die Konjunktion steht zwar im günstigen Trigon beziehungsweise Sextil zu ihrer Radix-Opposition zwischen Sonne und Uranus – nichtsdestotrotz handelt es sich um Mond-Saturn im Krebs, was eine sehr konservative, beharrliche und defensive Wesensart anzeigt. Überdies kommt der Composit-Uranus auf Brendas Mond-Saturn-Konjunktion zu stehen. Im Verlauf dieses Tages werden wir uns noch damit befassen, wie das Composit auf das individuelle Horoskop einwirkt – behalten Sie diesen Punkt im Auge. Wenn Uranus im Transit in der Mitte des Steinbocks stehen und die Sonne-Uranus-Opposition des Composits auslösen wird, ist damit gleichzeitig die Opposition zu Brendas Mond-Saturn-Konjunktion gegeben. In der Zwischenzeit wird Uranus im Transit im Trigon zu Arthurs Radix-Uranus im Stier und im Sextil zu dessen Skorpion-Sonne stehen.

Die Auswirkungen, die die Beziehung auf beide Partner hat, sind ganz unterschiedlich, abgesehen von den Transiten, die das Composit beeinflussen. Das Composit könnte in Brenda Angst aufsteigen lassen, weil der Composit-Uranus auf ihre Mond-Saturn-Konjunktion einwirkt. Brenda fühlt sich womöglich durch die unkonventionellen Elemente der Beziehung bedroht, vielleicht auch durch den Sachverhalt, dass Arthur beruflich viel unterwegs ist. Auf Arthur wiederum könnte die Beziehung eine ganz andere Auswirkung haben. Wenn ein Uranus-Transit bevorsteht, sieht er den damit verbundenen Gelegenheiten womöglich freudig und enthusiastisch entgegen. Wir wissen nicht, welcher Art die Veränderungen sein werden; nehmen wir einmal an, es handelt sich um die Möglichkeit, aus beruflichen Gründen in eine andere Stadt zu ziehen. Dies wäre eine klassische Entsprechung des Uranus-Transits über die Composit-Sonne. Vielleicht kommt das Paar auch zu einer überraschenden Erbschaft, einem ungeplanten Kind oder die Schwiegermutter stirbt. Der Transit von Uranus über die Composit-Sonne kann in Verbindung stehen mit plötzlichen, unvorhersehbaren Veränderungen, die Energie freisetzen und den grundsätzlichen »Zweck« der Beziehung ins Rampenlicht rücken.

Arthur sagt nun vielleicht: »Großartig. Es war höchste Zeit für mich, dass sich etwas Neues ergibt.« Brendas Antwort allerdings könnte deutlich ambivalenter ausfallen. Denken Sie daran, dass sich der Composit-Uranus auf ihrer Mond-Saturn-Konjunktion befindet – bevor noch der Uranus-Transit exakt ist, erhebt sich in der Beziehung etwas, das in Brenda ein tiefes emotionales Unbehagen auslöst. Der Composit-Uranus rührt kindliche Erfahrungen wieder auf, er erinnert sie fortwährend an das Gefühl der Einschränkung, Verantwortlichkeit oder an die emotionale Einsamkeit, die sie in ihren frühen Jahren erlebt hat. Probleme mit der Mutter und die Empfindung, emotional ausgeschlossen zu sein oder zu wenig Anteilnahme zu finden, könnten jetzt zutage treten. Und zwar nicht durch Arthur, sondern durch jene mysteriöse »dritte« Wesenheit, die das Composit beschreibt. Das ist aber nicht grundsätzlich schlecht, weil die Beziehung Brenda die Möglichkeit gibt, sich mit diesen Themen der Vergangenheit auseinander zu setzen. Der Composit-Uranus macht sie auf Dimensionen ihres emotionalen Lebens aufmerksam, denen sie zuvor möglicherweise aus dem Weg gegangen ist; er bricht alte, verhärtete Muster auf und kann mehr Einsicht und emotionale Flexibilität bewirken. Nichtsdestotrotz zeichnet sich die Beziehung dadurch aus, dass sie ihr ein Gefühl der Angst vermittelt. Das gilt umso mehr, wenn sie sich dessen, was geschieht, nicht bewusst ist.

Uranus aktiviert jetzt im Transit diesen Zusammenhang zwischen Composit-Uranus und Brendas Mond-Saturn. Der Transit wirkt sich gleichermaßen auf die Composit-Sonne (Konjunktion) und den Composit-Uranus (Opposition) aus. Er beschreibt tief greifende Veränderungen, die den grundsätzlichen Zweck der Beziehung bewusst oder deutlicher machen. Diese Veränderung aber, wenngleich positiv, wirkt auf Brenda wegen der Transit-Opposition zu ihrer Konjunktion zwischen Mond und Saturn bedrohlich. Es kommt hier sehr auf ihre Reaktion an. Es werden sich zwangsläufig Veränderungen in der Beziehung ergeben – Brenda hat allerdings bezüglich des Transits, der sowohl ihr Geburtshoroskop als auch das Composit auslöst, die verschiedensten Reaktionsmöglichkeiten. Als Astrologen könnten wir sagen: »Für Brenda hat der Transit eine unangenehme Wirkung. Die Beziehung verändert sich, und sie reagiert darauf womöglich sehr defensiv. Ist sie sich der psychologischen Dimensionen, die damit einhergehen, bewusst? Kann sie sie als eine Gelegenheit wahrnehmen, wichtige Fragen für ihr Inneres zu stellen?«

Wenn sich Brenda dessen, was geschieht, nicht bewusst ist, könnten die Geschehnisse über sie hinwegrollen und sich möglicherweise als destruktiv erweisen. Arthur freut sich vielleicht sehr auf den Umzug nach Frankreich – Brenda aber wird aufgrund der Angst und Spannung plötzlich krank. Sie könnte alles tun, um den Wegzug zu verhindern. Und dann kommt es zu einer dieser Situationen, die so schrecklich häufig sind. Ein großer Umzug oder ein wichtiger Schritt in der Beziehung ist geplant und einer der beiden Partner sagt plötzlich: »Nein, ich kann nicht.« Dann ist die Beziehung selbst in Gefahr, und die Composit-Verbindung zwischen Sonne-Uranus wirkt sich auf buchstäbliche Weise aus. Muss das so sein? Ich weiß darauf keine Antwort. Die individuelle Psychologie ist womöglich außerordentlich wichtig hinsichtlich der Auswirkungen von Transiten im Composit-Horoskop, besonders dann, wenn starke Beziehungen zwischen ihm und den Geburtshoroskopen gegeben sind.

Heimarmenê

Der Uranus-Transit beeinflusst Arthur und Brenda auf ganz unterschiedliche Weise – nichtsdestotrotz ist es Uranus, der über die Composit-Sonne läuft und in Opposition zu seinem eigenen Ort im Composit steht, was heißt, dass sich Veränderungen in der Beziehung ergeben werden. Arthur und Brenda können diese weder verhindern noch deren grundsätzliches Wesen ändern, wenngleich beider Reaktionen einen gewissen Einfluss auf die äußerlichen Geschehnisse haben – oder diese vielleicht sogar hervorrufen. Wenn wir in Begriffen von Ursache und Wirkung denken, können wir die Manifestationen derartiger Transite über das Composit als die Auswirkung einer ganzen Reihe von Entscheidungen auffassen, die von beiden Partnern über einen langen Zeitraum hinweg getroffen wurden. Es hat etwas von der Idee der Stoiker eines Wirkungsprozesses ohne Ende, einer kausalen »Kette«, die wir als Schicksal erleben. Sie nannten dies *Heimarmenê*. Wir alle treffen eine unendliche Anzahl von Entscheidungen, derer wir uns nicht einmal immer bewusst sind; diese Entscheidungen führen ihrerseits zu Konsequenzen, welche uns wiederum vor die Notwendigkeit stellen, aufs Neue zu wählen, was abermals Konsequenzen hat.

Wenn zwei Menschen in einer Beziehung eine gewisse Zahl von Entscheidungen getroffen haben – von denen manche wiederum auf Konsequenzen beruhen mögen, die von Familienmitgliedern oder anderen Personen ausgehen und aus einer Zeit stammen, da die Partner noch gar nicht geboren waren –, ergeben sich Geschehnisse, die dem Anschein nach wie aus heiterem Himmel kommen. Diese Geschehnisse fallen mit Transiten im Composit zusammen. Aufgrund des besonderen Umstands, dass Composite auf einer abstrakten Ebene zwischen allen Menschen bestehen, für immer und ewig, ist dies vielleicht die astrologische Entsprechung der *Heimarmenê*.

Vieles von dem, was in einer Beziehung geschieht, ist das Resultat eigener Entscheidungen. Mit einem Radix-Quadrat zwischen der Venus und Saturn zum Beispiel hat man eine Reihe von Möglichkeiten. Man kann auf die charakteristischen Energien des Aspektes auf die verschiedensten Weisen reagieren, von kalter Kritik und Abweisung des Partners bis hin zum mitfühlenden Verständnis seiner Ängste und der Akzeptanz der eigenen Verletzlichkeit. Der Transit, der dieses Radix-Quadrat auslöst, kann als Gelegenheit gesehen werden, diese Energie ins Bewusstsein zu bringen, um an ihr zu arbeiten. Indem man dies tut, beeinflusst man die Beziehung. Am Composit-Horoskop aber kann man nicht arbeiten, wenn Transite darauf einwirken. Als Individuen haben wir auch keinen Zugriff zu dieser unfassbaren kosmischen Kette von Ursache und Wirkung, die in die Geschehnisse bei der Aktivierung des Composits eingewoben zu sein scheint. Unsere individuellen Antworten auf diese Erfahrungen mögen einen Einfluss auf die Zukunft der Beziehung haben – ich weiß aber nicht, zu welchem Ausmaß, unabhängig davon, wie bewusst wir auch zu sein versuchen. *Heimarmenê* umfasst nicht nur das, was der einzelne Mensch tut, sondern auch die Entscheidungen, die andere vor Jahrhunderten in fernen Ländern getroffen haben, welche den Lauf der Geschichte beeinflussten und damit die heutigen Verhältnisse prägten. Wir würden verrückt, wenn wir all dies in unseren Köpfen bedenken wollten.

Die Arbeit mit dem Composit

Die Tierkreiszeichen

Teilnehmer: Sind die Zeichen im Composit wichtig?

Liz: Es gibt Astrologen, die dies verneinen. Ich glaube, dass die Zeichen sehr wohl von Bedeutung sind. Rufen wir uns noch einmal ins Gedächtnis, dass es für jedes Planetenpaar zwei Halbsummen gibt – insofern haben wir es in der Tat mit der Polarität der Zeichen zu tun. Jedes Zeichen ist in verschlüsselter Form in seinem Gegenstück enthalten. In der Praxis habe ich festgestellt, dass in der Beziehung der nahe Halbsummenpunkt deutlich zum Ausdruck kommt. Wenn sich die Composit-Sonne im Skorpion befindet, tritt die Intensität, Tiefe und Ernsthaftigkeit der Beziehung häufig sehr deutlich zutage, auf eine ganz andere Weise als die Composit-Sonne in den Zwillingen, welche eine leichtere, flexiblere und mental geprägtere Einstellung verrät. Wenn wir uns im Rückblick mit Beziehungen befassen, die uns wichtig gewesen waren, wird die Bedeutung der Composit-Zeichen offensichtlich.

Wenn das Composit ein Stellium aufweist, prägt das betreffende Zeichen die Beziehung, selbst dann, wenn es in keinem der beiden Geburtshoroskope betont sein sollte. Wir müssen dann untersuchen, wie dieses Zeichen die beiden Partner beeinflusst. Wenn das Element Feuer in beiden Horoskopen nur schwach besetzt ist, das Composit aber sechs Planeten im Löwen zeigt, könnte die Beziehung sowohl anstrengend als auch inspirierend für das Paar sein. Es handelt sich nicht nur um eine Art Ausgleich für das, was dem Individuum fehlt; es geht zusätzlich um eine Energie, mit der man nicht vertraut ist. Folglich muss man damit auf eine Weise expandieren, die ganz anders ist als bei sechs Composit-Planeten im Steinbock und einem Radix-Stellium im Stier. In letzterem Fall würde die Beziehung mit den persönlichen Werten und Zielen harmonisieren, allerdings keine Herausforderung darstellen. Manche Beziehungen stellen uns auf die Probe, weil sie etwas von uns fordern, das wir bislang nicht zum Ausdruck gebracht haben. Manchmal ist weniger der Partner als vielmehr das Composit die machtvollste Quelle der Anziehung, die uns Beziehungen eingehen lässt, welche durch Synastrie allein nicht zu erklären sind.

Wir können viel über den Tierkreis lernen, wenn wir uns mit dem Composit befassen, weil dessen Zeichen keinen persönlichen Ausdruck der Energie bedeuten. Wir mögen mit hundert Steinböcken sprechen und merken, dass sie alle ihre Steinbock-Sonne auf eine andere Art leben. Insofern sehen wir hundert verschiedene Arten von Steinböcken einschließlich des materiell ehrgeizigen, des spirituell eingestellten, der dem materiellen Erfolg abgeschworen hat, und demjenigen, der kein Steinbock sein will und vorgibt, ein Zwilling zu sein. Alles hängt davon ab, wie die betreffende Person gegenüber diesem Zeichen eingestellt ist. Das wiederum hängt mit dem Rest des Horoskops zusammen und damit, ob die Familie den Steinbock-Werten und -Einstellungen gegenüber aufgeschlossen war oder nicht. Und derjenige, der an die Reinkarnation glaubt, wird vielleicht noch weiter in die Vergangenheit gehen. Eine Composit-Sonne im Steinbock aber ist grundsätzlich steinbockhaft – wir können unverfälscht wahrnehmen, was uns viel über das fundamentale Wesen dieses Zeichens verrät. Das wird klarer, wenn wir uns später mit einigen Beispielen beschäftigen werden.

Transite im Composit-Horoskop

Wir können Transite im Composit-Horoskop auf die gleiche Weise interpretieren wie in einem Geburtshoroskop. Wenn wir uns mit Transiten befassen, schenken wir zumeist den äußeren Planeten – Jupiter, Saturn, Chiron, Uranus, Neptun und Pluto – die größte Aufmerksamkeit, weil sie meist mehrere Male über den gleichen Horoskop-Ort laufen. Es handelt sich um tief greifende Transite, die unser Leben transformieren. Das Gleiche gilt beim Composit. Unter den Transiten der äußeren Planeten ergeben sich tiefe, lebenstransformierende Veränderungen in der Beziehung.

Die anderen Transite einschließlich Neu- und Vollmond, Finsternisse und stationäre Phasen der inneren Planeten beeinflussen Composite ebenfalls auf die gleiche Weise wie das Geburtshoroskop. Sie können der Anlass dafür sein, dass ein markanterer Transit seine Wirkung zu entfalten beginnt. All das, was wir über individuelle Transite wissen, können wir auch auf das Composit anwenden. Wir können bestimmte Transite durch bestimmte Häuser betrachten. Nehmen wir einmal an, wir befassen uns mit einem individuellen Horoskop, in dem Saturn etwa zwei oder drei Jahre lang durch das 2. Haus läuft. Selbst dann, wenn er dabei nicht im Aspekt zu Radix-Planeten stehen sollte, wird er die Auseinandersetzung mit den materiellen Fundamenten und den zugrunde liegenden Werten des Lebens bedeuten. Er führt dazu, dass Überflüssiges ausgemerzt wird, er lässt Träume platzen, zerstört Illusionen und beschert dem Menschen die realistische Erkenntnis, was er mit seinen Talenten und Ressourcen gemacht hat. Wir können das ohne Weiteres auf den Transit durch das 2. Haus des Composits übertragen. Dieser führt zu der untergründigen Auseinandersetzung mit den Ressourcen, Werten und Sicherheitsstrukturen der Beziehung, er enthüllt das Wesen ihrer Fundamente und merzt Überflüssiges aus.

Wann sich eine Beziehung ergibt

Wenn ein Mensch einen Transit über das MC erlebt, gibt es dabei die verschiedensten Bedeutungsebenen. Wir wollen uns jetzt nicht mit der Verbindung zwischen MC und dem Mutterbild – der tieferen Bedeutung – befassen, sondern mit der äußerlichen Ebene. Traditionell wird ein Transit wie der von Saturn oder Uranus über das MC als eine Veränderung der Richtung, der Ziele oder der gesellschaftlichen oder beruflichen Position gesehen. Häufig fällt ein derartiger Transit mit einer besonderen Phase im Berufsleben zusammen. Besonders dann, wenn Saturn betroffen ist, könnte es sein, dass man beruflich Erfolg hat. Mit dem Transit von Saturn über den Deszendenten beginnt der Aufstieg zum MC – damit tritt die Person in die Welt. Wenn Saturn dann seinen Höhepunkt erreicht, wird das Potenzial verankert. Etwas wird in eine feste Form gegossen und allgemein sichtbar. Für Transite über das Composit-MC trifft dasselbe zu. Wie könnte sich das Ihrer Meinung nach ausdrücken?

Teilnehmer: Das Paar könnte heiraten.

Liz: Ja. Vielleicht trifft es sich auch zum ersten Mal. Das ist ebenfalls ein Punkt, den wir beim Composit-Horoskop im Kopf haben müssen. Es sagt nicht aus, ob sich zwei Leute getroffen haben oder sich jemals treffen werden. Wie ich bereits früher einmal erwähnte, können wir ein Composit auch mit jemandem berechnen, der bereits vor mehreren hundert Jahren gestorben ist. Wir können es für uns und eine berühmte Person berechnen, von der wir träumen – und wenn es uns auch das Potenzial dieser Beziehung enthüllt, sagt es doch nichts darüber aus, ob diese jemals real werden wird. Für jeden von uns gibt es ein Composit mit jedem Menschen, der je gelebt hat. Das ist eine aberwitzig anmutende Vorstellung. Das Composit-Horoskop ist aber eine abstrakte Wesenheit. Es lässt nichts über die Aktualität der Beziehung erkennen.

Nichtsdestotrotz gibt es in ihm wichtige Transite und Progressionen für den Zeitpunkt, wann die Verbindung begann. Wir können nichts über die Umstände sagen, ohne die Verhältnisse näher zu kennen – wir sehen aber, dass etwas vorgeht. Es sind hier außergewöhnliche astrologische Szenarien denkbar. Entscheiden wir uns womöglich dafür, ein Buch über eine vor sechs Jahrhunderten gestorbene Person zu schreiben, entdecken wir vielleicht irgendwann, dass zum Zeitpunkt der Veröffentlichung Saturn über das Composit-MC läuft. Diese Beziehung – und in der Tat ist zwischen Biograph und einer längst gestorbenen Persönlichkeit eine Form der Beziehung gegeben, die sogar von sehr tiefgründigem Charakter sein kann – hat dann in die Welt der Form Eintritt gefunden.

Synastrien zwischen Composit- und Geburtshoroskop

Teilnehmer: Was bedeutet es, wenn die Composit-Sonne genau auf einer Achse im Horoskop steht?

Liz: Unser Wissen im Hinblick auf die Synastrie kann helfen, diese Art von Verbindung zu verstehen. Ich hoffe, es wird klarer werden, wenn wir einige Beispiele untersuchen. Kurz gesagt: In welchen Bereich die Composit-Sonne einer Beziehung in unserem Radix-Horoskop auch fällt – einschließlich des Hauses und der Aspekte zu Planeten oder Achsen –, ihre Lebenskraft und ihr Zweck werfen Licht auf diese Dimension unserer persönlichen Wesensart und unseres Lebens und stärken diese. Fällt die Composit-Sonne auf unser MC, könnte die Beziehung unsere Stellung in der Welt stärken und helfen, die persönlichen Ziele und beruflichen Ambitionen in den Mittelpunkt zu rücken. Diese Stellung könnte auch dazu führen, dass Themen in Verbindung mit der Mutter wichtig werden – die Beziehung wird vielleicht zu einer Art von Mutter oder lässt Erinnerungen und emotionale Muster aus der Kindheit aufsteigen oder bewusst werden, die die Mutter betreffen. Diese Ebene ist deshalb von Bedeutung, weil der

Meridian und damit die elterliche Achse ausgelöst wird. Ähnlich ist es, wenn die Composit-Sonne auf die Achse Aszendent/Deszendent fällt. Damit könnte die Art und Weise, wie wir mit anderen und unserer Umgebung kommunizieren, in den Blickpunkt rücken und aktiviert werden.

Teilnehmer: Insofern ist bei den Eckpunkten eine besondere Dynamik gegeben.

Liz: Bei jeder Konjunktion mit dem Geburtshoroskop ist eine solche Dynamik gegeben. Es gibt Beziehungen, die wir eingehen und wieder beenden, ohne dass wir darin einen besonderen Zweck oder eine besondere Bedeutung wahrgenommen hätten. In diesen Fällen weist die Composit-Sonne für gewöhnlich keine starken Aspekte zum Geburtshoroskop auf. Es kann andere Beziehungen geben, die vielleicht sogar nur sehr kurz waren – wenn aber die Composit-Sonne einen machtvollen Einfluss auf das Geburtshoroskop hat, geht die Verbindung mit einem Gefühl der Sinnhaftigkeit einher, das auf fundamentale Dimensionen der individuellen Persönlichkeit und ein Moment der Schicksalhaftigkeit schließen lässt.

Teilnehmer: Wie verhält es sich mit der Composit-Sonne auf dem Radix-Mond?

Liz: Wie würden Sie die Sonne von jemandem auf Ihrem Radix-Mond interpretieren?

Teilnehmer: Ein klassischer Indikator für eine langfristige Beziehung. Er ist kennzeichnend für dauerhafte Beziehungen und Freundschaften.

Liz: So ist es. Und warum? Was geht zwischen den beiden Partnern vor?

Teilnehmer: Wenn die Sonne von jemand anderem auf meinem Mond steht, fühle ich instinktiv Sympathie für ihn, wer er auch sein mag. Ich verstehe ihn. Meistens mag ich diese Personen. Ich fühle mich mit ihnen wohl.

Liz: Gut. Übertragen Sie jetzt Ihre Aussagen auf die Wirkung, die eine Beziehung auf Sie hätte, bei der die Composit-Sonne auf Ihrem Mond stünde. Eine solche Verbindung hätte womöglich eine sehr aufmunternde und energetisierende Wirkung auf Ihr emotionales Leben. Sie würden dem tieferen Zweck der Beziehung aufgeschlossen gegenüberstehen und sich wohl und »zu Hause« in ihr fühlen, selbst dann, wenn der Synastrie-Vergleich problematisch sein sollte. Die Verbindung vermittelt Ihnen wahrscheinlich den Eindruck des Schutzes und dass Ihr persönliches emotionales Wesen dadurch unterstrichen und gestärkt wird. Sie könnten das Gefühl haben, dass Sie ganz einfach »Sie selbst« sein können. Die Beziehung könnte Ihnen die Empfindung von »Familie« bescheren. Verbindungen zwischen Composit- und Geburtshoroskop können viel darüber aussagen, warum jemand eine Verbindung aufrechterhält, in der er mit dem Partner nicht glücklich ist. Es mag viele persönliche Unverträglichkeiten geben, viele Quadrate und Oppositionen zwischen beiden Horoskopen. Dann aber sehen wir womöglich die Composit-Sonne exakt auf dem Mond einer der beiden Personen, und wir verstehen, warum die Beziehung ein Zuhause für sie ist. Auch dann, wenn es bei der gegenseitigen Verträglichkeit Probleme gibt, kann es höllisch schwer sein, sich aus der Verbindung zu lösen.

Natürlich gilt das auch anders herum. Composit-Planeten auf Planeten des Geburtshoroskops lassen viel darüber erkennen, wie die Beziehung die beiden Partner beeinflusst. Sie zeigen uns, welchen Einfluss die Partner auf die Beziehung haben. Beziehungen zwischen Radix und Composit können enthüllen, dass die Verbindung für einen Partner wichtiger ist als für den anderen oder dass deren Bedeutung für beide auf unterschiedlichen Ebenen liegt. Je mehr Verbindungen zwischen Composit und Radix vorhanden sind, desto größer die Wahrscheinlichkeit, dass sich die beiden betreffenden Personen mit der Beziehung identifizieren.

Teilnehmer: Ihren früheren Ausführungen war zu entnehmen, dass eine derartige Beziehung – ein Composit – kein eigenes Bewusstsein hat. Nun sagen Sie aber: Wenn einer der Partner sehr starke Verbindungen zum Composit aufweist, hat er oder sie einen starken Einfluss auf die Beziehung. Bedeutet das womöglich auch mehr Kontrolle?

Liz: Die Beziehung hat kein Bewusstsein ihrer selbst. Allerdings werden ihre inneren Muster durch die beiden Partner aktiviert und angeregt. Investition und Anteilnahme sind nicht notwendigerweise mit Kontrolle gleichzusetzen. Starke Synastrie-Beziehungen zwischen zwei Menschen bedeuten nicht, dass sie sich gegenseitig kontrollieren – sie regen sich auf unterschiedliche Weise an. Das Gleiche trifft auf das Composit-Horoskop zu. Ich glaube nicht, dass viele Synastrie-Verbindungen zwischen dem Composit und dem Horoskop des einen Partner darauf schließen lassen, dass dieser mehr Kontrolle über die Beziehung hat als der andere. Allerdings spiegeln sie meiner Ansicht nach eine größere persönliche Anteilnahme an der Beziehung wider. Das könnte heißen, dass dieser Partner verschiedene Ebenen des Composits verkörpert oder zum Ausdruck bringt, und zwar auf sehr augenfällige Weise.

Kehren wir noch einmal zu Arthur und Brenda zurück. Vielleicht erinnern Sie sich an Brendas Mond-Saturn-Konjunktion im Krebs, wozu vom Composit-Horoskop aus Uranus in Konjunktion und die Steinbock-Sonne in Opposition steht. Nehmen wir einmal an, dass die Composit-Sonne auf das Composit-MC fällt und der Composit-Uranus am Composit-IC steht. Insofern befindet sich Brendas Mond-Saturn-Konjunktion am MC des Composit-Horoskops und fällt damit auf die Composit-Opposition zwischen Sonne und Uranus. Es ist logisch, dass Brenda sich damit der Beziehung sehr stark verbunden fühlt – durch Mond-Saturn. Die emotionale Anteilnahme an der Beziehung ist vermutlich sehr tief und komplex. Die Beziehung bedeutet ihr aller Wahrscheinlichkeit nach außerordentlich viel – viel mehr als jemandem, dessen Radix-Horoskop weniger stark durch das Composit angesprochen ist.

Das bedeutet aber nicht, dass Brenda die Beziehung kontrollieren könnte. Wenn überhaupt, wird sie es sein, die sich kontrolliert fühlt. Es geht hier auch nicht darum, dass Arthur keine

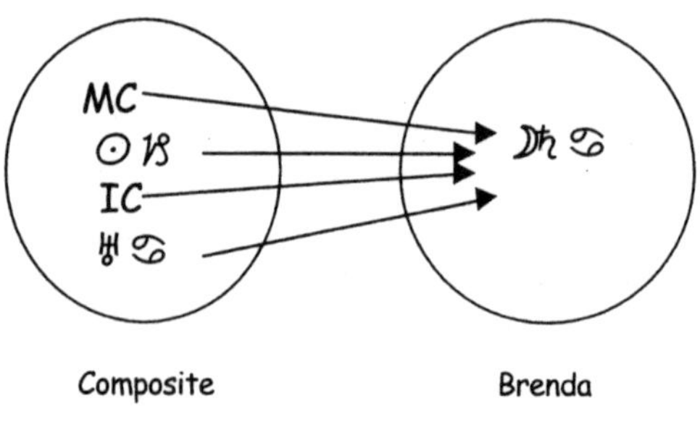

Abbildung 2

Verpflichtung spürt oder Brenda nicht lieben würde. Aber sie ist es, die sich mit der Beziehung identifiziert und sich auf leidenschaftliche Weise emotional sowohl bedroht als auch geborgen durch sie fühlt. Aufgrund dessen könnte sie sehr viel Energie für deren Erhalt aufwenden. Arthur aber, der womöglich keine Planeten im Aspekt zur Sonne-Uranus-Opposition zwischen MC und IC des Composit-Horoskops hat, denkt vielleicht: »Nun gut, Brenda und ich sind ein Paar und ich liebe sie, aber ich bin immer noch ich. Ich habe mein eigenes Leben und mein eigenes Schicksal.« Starke Verbindungen zwischen Composit- und Geburtshoroskop zeigen eher Identifikation als Kontrolle an. Das Ausmaß an Identifikation kann zwischen den beiden Partnern einer Beziehung enorm variieren. Der eine Partner identifiziert sich womöglich völlig mit ihr und geht in dem Gefühl auf, ein Paar zu sein. Der andere dagegen mag die Verbindung ebenfalls wichtig finden, sich aber durchaus noch als abgegrenztes Individuum verstehen.

Transite, die Composit und Geburtshoroskop auslösen

Die Transite, die das Composit am stärksten berühren, sind offensichtlich diejenigen, die zugleich das Geburtshoroskop auslösen. In den meisten Fällen sind zwischen Composit und den beiden individuellen Horoskopen starke Kontakte vorhanden, wie in unserem Beispiel. Wenn uns eine Beziehung etwas bedeutet, werden wir unweigerlich die Feststellung machen, dass Composit-Planeten und -Achsen Aspekte zu unseren persönlichen Planeten und Achsen bilden. Zumeist gibt es mindestens eine Konjunktion oder Opposition, die auf ein Grad genau ist.

Teilnehmer: Von welchen Orben gehen Sie aus?

Liz: Für die Beziehung zwischen Composit und individuellem Horoskop setze ich die gleichen Orben an wie beim normalen Synastrie-Vergleich, und das sind die gleichen wie für Aspekte im Radix-Horoskop. Bei Konjunktion, Oppositionen, Quadraten und Trigonen gehe ich von bis zu zehn Grad aus, bei Sextilen von bis zu sechs. Wie bei den Aspekten im Geburtshoroskop auch gilt: Je größer der Orbis, desto mehr Flexibilität und desto mehr Möglichkeiten sind gegeben. Wenn die Composit-Venus zehn Grad von der Radix-Sonne entfernt steht, spürt man das – die Konjunktion, die auf ein Grad exakt ist, wirkt aber sehr viel intensiver. Die Auswirkungen der Transite sind ebenfalls augenfälliger, wenn der Orbis kleiner ist – da alles auf einmal aktiviert ist. Wenn sich ein Transit über eine derartige Reihe von engen Kontakten ergibt, ist das, als ob eine Zündschnur angesteckt wurde. Wir sind aktiviert, die andere Person ist aktiviert, und das Gleiche gilt für das Composit – weil das ganze System durch Zündschnüre miteinander verbunden ist. Es gibt die beiden Geburtshoroskope und das Composit als dritte Wesenheit. Wenn es eine enge Übereinstimmung gibt – etwas auf dem gleichen Grad in allen drei Horoskopen –, ist das wie ein Zünder. Jeder Transit über diesen Punkt wird sich als außerordentlich machtvoll erweisen. Er rückt sowohl individuelle als auch partnerschaftliche Themen in den Blickpunkt.

Die fortwährenden Entwicklungen, die sich innerhalb einer Beziehung ergeben, haben etwas von einem Tanz. Wir alle wissen, dass Beziehungen nicht statisch sind. Sie bleiben nicht gleich, auch wenn wir das gern hätten. Sie unterliegen Ebbe und

Flut, und überdies ändert sich die eigene Rolle ständig. Die zeitliche Auslösung aber hat etwas Faszinierendes. Zwei Menschen treffen sich zufällig – weil einer von ihnen das Flugzeug verpasste oder beide sich unabhängig voneinander im gleichen Hotel in Panama eingeschrieben haben, weil alle anderen belegt waren. Und siehe da: Es gibt einen Transit von Uranus, der auf die Composit-Sonne, den Mond der einen und die Venus der anderen Person fällt. Wer arrangiert das? Es handelt sich um einen so komplexen kosmischen Tanz, dass wir ihn nicht ansatzweise verstehen können. Wenn diese Punkte im Composit und im Radix ausgelöst werden, führt das Anstecken der Zündschnüre dazu, dass wir uns kennen lernen; werden sie später abermals aktiviert, trennen wir uns womöglich.

Trennungen

Eine Trennung ist im Composit ebenfalls von entsprechenden Transiten und Progressionen begleitet, wenngleich diese manchmal nicht von den Kontakten zu unterscheiden sind, die den Beginn einer Verbindung symbolisierten. Manchmal wird die Trennung nicht für den Moment des tatsächlichen physischen Abschieds angezeigt, sondern für den Zeitpunkt, wenn die Beziehung auf der innerlichen Ebene an ihr Ende gekommen ist. Es kann sein, dass sich die wahre Trennung dann ergibt, wenn einer der beiden Partner sich neu verliebt. Ich habe mehrere Fälle beobachtet, wo das Composit eines geschiedenen Paares das Ende der Beziehung für den Moment anzeigte, in denen einer der Partner in der neuen Ehe eine Elternrolle übernahm – zum Beispiel beim Transit von Pluto über die Sonne oder den Aszendenten des Composit-Horoskops. Wenn einer der Partner die Entscheidung trifft, die Beziehung zu beenden, wird sich das in den meisten Fällen in wichtigen Transiten zum Radix-Horoskop widerspiegeln. Manchmal aber sind wir vielleicht enttäuscht, weil kaum etwas zu finden ist. Das Geschehnis könnte sich allerdings im Composit deutlicher abzeichnen als in den Geburtshoroskopen.

Teilnehmer: Ich hatte einen solchen Transit im Composit mit meinem Ex-Mann. Die Composit-Sonne befindet sich genau auf dem Aszendenten im Skorpion, und die Composit-Venus befindet sich ebenfalls dort. Als wir uns scheiden ließen, hatte Pluto im Transit diesen Punkt noch nicht erreicht. Als mein Ex-Mann wieder heiratete, schaute ich noch einmal nach und sah, dass Pluto genau dort stand.

Liz: Das führt zu der verwickelten Frage, wann eine Beziehung wirklich endet. Wenn eine Trennung durch den Tod eines Partners verursacht wird, ist das meist ebenfalls im Composit angezeigt – wenngleich, um es noch einmal zu sagen, das astrologische Bild des Endes einer Beziehung durch Ableben oder durch andere Gründe womöglich nicht vom Anfangsmuster zu unterscheiden ist. Mir stehen eine Reihe von Beispielen vor Augen, in denen der tatsächliche Tod am Composit abgelesen werden könnte. Das lässt ein befremdliches Gefühl der Schicksalhaftigkeit aufsteigen, einer Art *Heimarmenê*, die unsere Fähigkeit zu analysieren und zu erklären übersteigt. Dies ist ein Gebiet, auf dem uns unser psychologisches Wissen nicht weiterbringt.

Ich glaube nicht, dass das Ende einer Beziehung oder der Tod eines Partners durch Transite zum Composit-Horoskop vorherzusehen ist. Wir können nicht sagen, ob ein bestimmter Kontakt zum Composit den physischen Tod eines Partners, den metaphorischen Tod, die Geburt einer neuen Beziehung oder ein Übergangsstadium innerhalb der Verbindung anzeigt. Die Transite und Progressionen, die mit dem Tod auf der physischen Ebene verbunden werden, können auch eine Art von Tod auf anderen Ebenen beschreiben. Alles, was sich sagen lässt, ist, dass eine wichtige Änderung ansteht.

Teilnehmer: Wenn man Composite für sich und die Mitglieder seiner Familie anfertigte, würde man darin Hinweise auf die Zeit ihres Sterbens finden können?

Liz: Wir können erkennen, wann sich Krisen- oder Umbruchphasen oder Veränderungen in Familien ergeben. Wir wissen aber nicht, ob es sich dabei um einen Tod im buchstäblichen Sinn handelt oder ob ein Verwandter nach Kanada auswandern wird. Das Composit-Horoskop sagt nichts über diesen Unterschied aus. Es lässt erkennen, dass sich etwas Machtvolles und möglicherweise Unumkehrbares ereignen wird, das die Beziehung verändert. Wir können mit ihm begründete Annahmen treffen, wie beim Geburtshoroskop auch. Wenn die Großmutter 98 Jahre alt und gebrechlich ist, braucht man kein Genie zu sein, um herauszuarbeiten, dass die bevorstehende stationäre Phase von Uranus und Neptun auf der Composit-Sonne möglicherweise mit ihrem Tod zusammenfallen wird. Aber selbst in diesem Fall könnten wir falsch liegen – vielleicht wird sie damit zum Mitglied in einer spirituellen New-Age-Gruppe.

Wenngleich hinsichtlich der zeitlichen Auslösung im Composit ein Gefühl der Schicksalhaftigkeit mitschwingen mag, kann uns dieses Horoskop doch nicht das liefern, was viele Astrologen gern hätten: konkrete Aussagen. Transite zum Composit-Horoskop beschreiben auf eine archetypische Weise, was innerhalb der Beziehung vorgeht, entsprechend der beteiligten Planeten. Pluto-Transite im Composit stehen zumeist für unumkehrbare Veränderungen – die Art der Veränderungen aber kann variieren. Die Geburt eines Kindes hat für die Beziehung unumkehrbare Folgen. Das Gleiche gilt, wenn einer der Partner einen Seitensprung begeht; selbst wenn die Beziehung fortbesteht, wird wahrscheinlich nie wieder das frühere Vertrauen herrschen. Ein markanter Transit geht also häufig mit nicht wieder rückgängig zu machenden Entwicklungen einher. Der Tod von Schwiegervater oder -mutter bedeutet eine unumkehrbare Veränderung – falls er oder sie aber einen destruktiven Einfluss auf die Beziehung hatte, allerdings auch die Chance für ein neues Leben.

Teilnehmer: Insofern sind Pluto-Transite nicht notwendigerweise unheilvoll – nur unumkehrbar.

Liz: Ich glaube nicht, dass überhaupt ein Transit unheilvoll ist. Unumkehrbare Veränderungen, ob nun in der Beziehung oder beim Individuum, können mit sehr glücklichen Geschehnissen zusammenfallen. Wir können aber nicht von dem Punkt, den wir einmal erreicht haben, wieder zurückgehen. Die Beziehung kann das ebenfalls nicht. Daraus mag in manchen Fällen das Gefühl des Unheils resultieren.

Das progressive Composit-Horoskop

Wir können das Composit-Horoskop auf die gleiche Weise wie das Geburtshoroskop vorschieben. Dabei können wir alle Progressions-Methoden verwenden: Sonnenbogen, Primärdirektion, Sekundär-Progression, tertiäre oder diurnale Progression. Das Composit vorzuschieben ist vom Grundsatz her sehr einfach.

Das Composit besteht aus den Halbsummen zwischen allen Planetenpaaren zweier Horoskope. Um das Composit vorzuschieben, schieben wir die beiden individuellen Horoskope zu dem gewünschten Zeitpunkt vor – mit welcher Methode auch immer – und ermitteln dann die Halbsummen zwischen den beiden progressiven Sonnenpositionen, beiden progressiven Mondpositionen, den progressiven Aszendenten, den beiden MC-Stellungen und so weiter. Die Berechnung des progressiven Composits mit dem Computer basiert einfach darauf, die individuellen Horoskope vorzuschieben und daraus ein Composit zu erstellen – so, als handele es sich um Radix-Horoskope.

Die wahre Herausforderung ist dabei eher philosophischer als mathematischer Natur. Beim Radix-Horoskop »begann« alles mit der Geburt des betreffenden Menschen. Auch wenn es ein als »konverse Progression« bekanntes System gibt, bei dem rückwärts gerechnet wird – selbst dieses basiert auf dem Geburtshoroskop. Beim Composit haben wir keinen konkreten Ausgangspunkt. Es gibt keinen Zeitpunkt, mit dem es begann;

es hat immer existiert. Insofern können wir es einfach zu dem Datum vorschieben, das uns interessiert: vielleicht für den Augenblick, zu dem sich die beiden Menschen trafen, oder für die Zeit, als es in der Beziehung zu einer wichtigen Veränderung kam oder die Verbindung endete. Wir können aber noch tiefer schauen und auf wichtige progressive Aspekte blicken, die sich vor der Beziehung ergaben. Auf diese Art erkennen wir, was in unserem persönlichen Leben zu dieser Zeit geschah und welche Entscheidungen und Konsequenzen dazu geführt haben, dass wir die Verbindung eingegangen sind.

Progressionen im Composit-Horoskop

Ich kann Sie nur bitten, diese theoretischen Ausführungen jetzt über sich ergehen zu lassen – wir werden gleich ein konkretes Beispiel betrachten. Wenn wir ein progressives Composit anschauen, müssen wir uns über einiges im Klaren sein. Erstens: Wir müssen es auf die gleiche Weise analysieren wie unsere individuellen Progressionen auch. Wir untersuchen die progressiven Planeten und Achsen in Beziehung zum Ausgangs-Horoskop, wobei das Ausgangs-Horoskop in diesem Fall das Composit ist. Nehmen wir einmal an, dass die progressive Composit-Sonne in Konjunktion zum Composit-Mars steht. Beim Individuum zeigen progressive Planeten im Aspekt zu Radix-Planeten einen innerlichen Entwicklungsprozess an. Sie gelten nur für das eine Individuum, anders als die Transite, die sich für alle aus den gleichen Zeichen ergeben (wenngleich Transite jedes Horoskop auf eine andere Weise beeinflussen). Progressionen scheinen ganz allgemein die Bedeutung der Zeit in Begriffen von innerlichem Wachstum und der Entfaltung des »wahren« Lebensplanes anzuzeigen.

Diese innerliche Qualität trifft gleichermaßen auf das progressive Composit zu. Die progressive Composit-Sonne auf dem Composit-Mars mag sich als ein bestimmtes Ereignis manifestieren oder auch nicht – sie weist aber unweigerlich auf eine Zeit hin, in der die Leidenschaften und aggressiven Instinkte der Beziehung aktiviert sind und zum Ausdruck kommen müssen. Transite – ob nun im Geburtshoroskop oder im Composit – zeigen an, dass der Kosmos auf das Individuum einwirkt. Progressionen stellen dagegen rein symbolische Bewegungen dar, die keine astronomische Basis haben und die innerliche Veränderungen anzuzeigen scheinen. Das ist der Grund dafür, dass sie häufig eine Geschichte erzählen, die sich deutlich von dem unterscheidet, was die Person bewusst fühlt oder in der äußerlichen Welt erlebt. Das trifft gleichermaßen auf das Composit zu. Wenn wir merken, dass sich progressive Transite zu Composit-Planeten ergeben, können wir das als einen innerlichen Richtungswechsel in der Beziehung auffassen. Irgendetwas im Muster der Entfaltung der Beziehung ist nun reif geworden und verlangt nach Ausdruck im Leben.

Wenn progressive Transite Achsen aspektieren, besteht die Tendenz, dass sich die innerlichen Veränderungen auch äußerlich manifestieren, auf die gleiche Weise wie beim Individuum. Wenn ein progressiver Planet auf einer Achse in unserem Geburtshoroskop steht, kommt er für gewöhnlich deutlich zum Ausdruck. Es handelt sich hier um die kardinalen Punkte des Horoskops, das Knochengerüst der Manifestation. Im Composit haben die Achsen grundsätzlich die gleiche Bedeutung. Wenn ein Paar heiratet, sehen wir vielleicht im Composit, dass die progressive Venus auf dem MC steht oder dass der progressive Deszendent die Sonne erreicht hat.

Progressionen zu anderen progressiven Planeten im Composit

Wir müssen auch darauf achten, ob progressive Composit-Planeten und -Achsen Aspekte zu anderen progressiven Composit-Planeten und -Achsen bilden, selbst dann, wenn keine Transite zum Composit gegeben sind. Das wird manchmal bei der Arbeit mit individuellen Progressionen außer Acht gelassen. Wir konzentrieren uns so stark auf das, was die progressiven Planeten mit den Radix-Planeten und -Achsen machen, dass wir möglicherweise wichtige Konfigurationen wie die progressive Sonne übersehen, die unmittelbar vor dem progressiven Aszendenten steht.

Wenn sich derartige Konfigurationen im Progressions-Horoskop ergeben, erzählen sie eine ganz besondere Geschichte. Sie sind sehr anfällig für Transite – dem Anschein nach werden sie letztlich durch Transite ausgelöst, selbst dann, wenn kein Radix-Planet an der Konfiguration beteiligt ist. Aus diesem Grund ist es immer lohnend, ein vollständiges Progressions-Horoskop mitsamt den Achsen und Häuserspitzen zu berechnen, statt lediglich die progressiven Planeten um das Geburtshoroskop herum einzutragen. Die progressiven Häuser sind ebenfalls wichtig – ein progressiver Planet im Aspekt zu einem anderen progressiven Planet muss in Verbindung mit den betreffenden progressiven Häusern gesehen werden und mit den Radix-Häusern, durch die die progressiven Planeten laufen. Transite zum progressiven Composit müssen entsprechend in Verbindung mit den progressiven Häusern untersucht werden, in denen sich die jeweiligen Planeten aufhalten. Dabei haben im individuellen Horoskop manche progressiven Aspekte eine größere Bedeutung als andere. Das Gleiche gilt für das progressive Composit.

Ich möchte Ihnen ein Beispiel dafür zeigen, wie Transite, Composit-Konfigurationen und progressive Composit-Stellungen während eines markanten Geschehnisses – dem Tod eines Partners – in der Beziehung miteinander verwoben sind. Ich bin nicht der Ansicht, dass es möglich gewesen wäre, den Tod anhand des Composits vorauszusehen, auch deshalb nicht, weil Beziehungen aus der Composit-Perspektive nicht »sterben«. Sie verändern ihre Form. Wenn wir aber auf die hier wirksamen Muster schauen, bekommen wir eine neue Perspektive, die sich

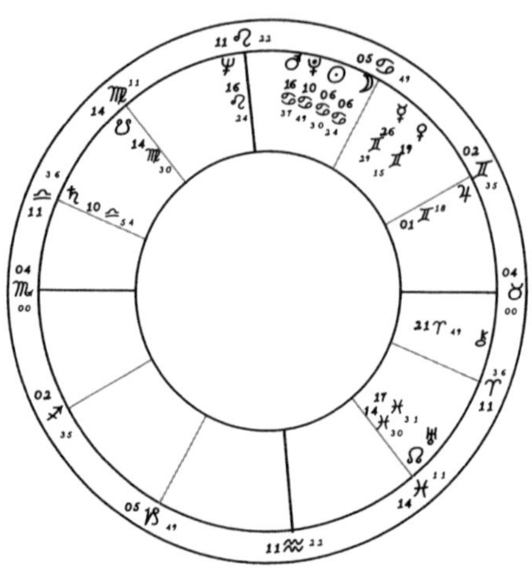

Abbildung 3: Composit-Horoskop für John F. Kennedy und Jacqueline Kennedy

uns aus dem individuellen Horoskop allein nicht erschließt. Ein Vorfall kann für die Beziehung eine Bedeutung haben, die sich von der Bedeutung für die individuellen Partner deutlich unterscheidet. Hier sehen Sie das Composit-Horoskop für John F. Kennedy und seine Frau Jacqueline, gefolgt vom Progressions-Composit für den Zeitpunkt seiner Ermordung in Dallas. Das dritte Horoskop ist die Darstellung der Transite für diesen Augenblick. Die Transite zum Composit sind fraglos bedeutungsvoll; blicken wir aber auf das progressive Composit und die gleichzeitigen problematischen Transite, werden Sie meiner Meinung nach erkennen, warum wir diese Progressions-Horoskope bei der Untersuchung einer Beziehung einschließen sollten. Wenn Sie im Detail erkunden möchten, was hier los ist, müssen Sie selbst daran arbeiten. Ich möchte nur das Wichtigste herausstellen.

Am auffälligsten beim Vergleich progressives Composit zu Composit ist die progressive Sonne auf 15° 11' Löwe, die sich

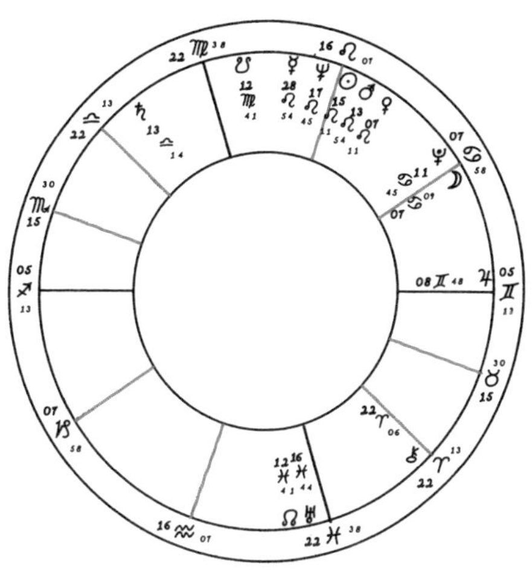

Abbildung 4: Progressions-Composit
John F. Kennedy und Jacqueline Kennedy
Berechnet für den 22. November 1963, 12.30 Uhr (CST)

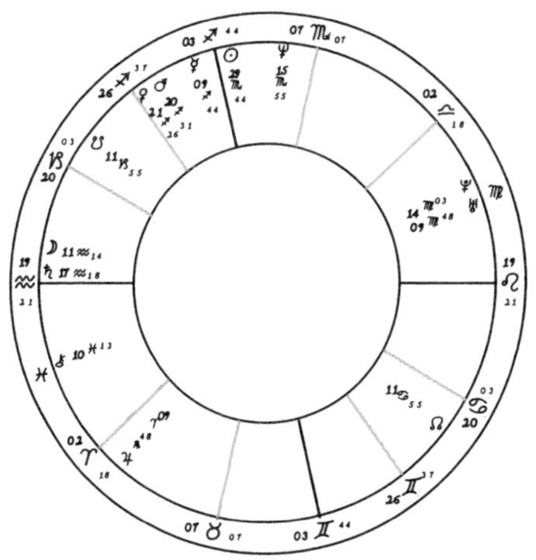

Abbildung 5: Ermordung von John F. Kennedy
22. November 1963, 12.30 Uhr CST, Dallas

auf den Composit-Neptun auf 16° 24' Löwe am Composit-MC zubewegt. Der progressive Mars folgt dichtauf. Die Auswirkungen hier sind deutlich: eine Art öffentliches Opfer sowie die Entstehung eines Mythos (Neptun im Löwen am MC). Zusätzlich ist der progressive Composit-Mond auf 7° 09' im Krebs in Betracht zu ziehen, der genau auf die Sonne-Mond-Konjunktion des Composits fällt – eine lunare Rückkehr im Composit, die vom Ende eines Zyklus und dem Beginn eines neuen zeugt.

Hinsichtlich der Transite zum Composit und zum progressiven Composit sticht am deutlichsten das Transit-Quadrat zwischen Saturn und Neptun hervor. Neptun steht auf 15° 55' im Skorpion – im Orbis von weniger als einem Grad zur progressiven Composit-Sonne. Saturn hatte im Transit auf 17° 18' Wassermann gerade die Opposition zur Composit-Sonne hinter sich gebracht und befand sich weniger als ein Grad vom Quadrat zum progressiven Composit-Neptun auf 17° 45' im Löwen entfernt. Im Transit-Horoskop standen sowohl der Mond als auch der Aszendent im Wassermann; sie waren damit Bestandteil dieser Konfiguration. Es sollte vielleicht darauf hingewiesen werden, dass Jackie Kennedy eine Chiron-Mondknoten-Konjunktion im Horoskop hatte, auf 14° 13' beziehungsweise 17° 13' im Stier – eine »Zündschnur«, von der wir bereits sprachen. Und John F. Kennedy hatte den Mars auf 18° 26' im gleichen Zeichen. Diese Radix-Stellungen verbinden beide als Individuen mit dem Composit-Neptun und, im Gegenzug, mit den Transiten, die sich im progressiven Composit zum Zeitpunkt des Todes von John F. Kennedy ereigneten.

Ich glaube nicht, dass wir aus dieser Horoskop-Abfolge hätten ablesen können, dass man John F. Kennedy erschießen würde. Das Ereignis ist vielleicht an seinem Horoskop abzulesen, aber selbst das ist fraglich. Wir hätten aber sagen können, dass der Beziehung etwas sehr Komplexes, Dramatisches und vielleicht auch Tragisches zustoßen würde, in Zusammenhang mit den Themen Opfer und Auflösung. Die Verbindung war an einem kritischen Punkt angelangt, was sich darin widerspiegelte, dass die progressive Composit-Sonne auf dem Composit-Neptun angekommen war. Wenn wir einmal von unseren menschlichen Empfindungen der Wut über diesen Mord absehen, erkennen wir, dass hier noch etwas anderes skizziert ist, etwas, das unpersönlicher und mysteriöser ist: John F. Kennedys Tod war die ultimative und zwangsläufige Konsequenz der sich entfaltenden Manifestation eines Mythos in der Außenwelt. Dass der Aspekt noch ein Grad von der exakten Auslösung entfernt war, braucht uns nicht zu überraschen; der genaue Augenblick des Anschlags ist jetzt auch nicht das Thema. Es geht vielmehr um eine unvermeidliche Veränderung und um den Höhepunkt von etwas, das mit der Rolle dieser Beziehung in der Gesellschaft und der Zeitgeschichte zu tun hat.

Composit-Progressionen zum Radix

Wir müssen uns jetzt mit dem progressiven Composit in Verbindung mit den beiden Radix-Horoskopen befassen. Wenn ein progressiver Planet des Composits zu irgendetwas in unserem Geburtshoroskop im exakten Aspekt steht – wobei die Konjunktion und die Opposition am stärksten wirken –, sind wir es, die diesen progressiven Planeten in der Beziehung zum Ausdruck bringen. Dies ist ein außerordentlich interessanter Gesichtspunkt, der sich beim progressiven Composit-Mond besonders bemerkbar macht, weil dieser sich in der Sekundär-Progression etwa ein Grad pro Monat fortbewegt – in dem gleichen Tempo, in dem der Mond durch das Radix-Horoskop läuft.

Wir wollen jetzt ein weiteres hypothetisches Beispiel untersuchen. Ein Mann hat in seinem Radix-Horoskop den Mars auf 3° in der Jungfrau in Opposition zu Saturn auf 3° in den Fischen und im Quadrat zu Uranus auf 2° in den Zwillingen. Natürlich wäre dies eine sehr spannungsreiche Radix-Konfiguration, die für Eigensinn, aber auch eine gewisse Angst bezüglich der eigenen Effektivität sprechen würde, was dazu führen könnte, dass sich der betreffende Mensch gerade dann zurückhält, wenn es doch am meisten auf seine Aktivität ankäme. Insofern könnte er häufig Frustration und Unschlüssigkeit in sich spüren, im Wechsel mit Ungeduld und Aggressivität. Weil dieser Mensch mit jemandem zusammen ist, nehmen wir das Composit hinzu und sehen, dass der progressive Composit-Mond die Stellung 2° in den Zwillingen erreicht hat. Damit rührt die Beziehung in diesem Augenblick an der spannungsreichen Radix-Konfiguration des Mannes. Die Situation ist nicht von Dauer, etwa einen Monat später wird der progressive Composit-Mond bereits weitergewandert sein. Der emotionale Beiklang der Beziehung, wie er im Augenblick aber zum Ausdruck kommt, löst bei unserem Mann innerlich Stress aus. Vielleicht beginnt er, sich auf eine eigentümliche und aggressive Weise zu verhalten, wenn er mit seiner Frau zusammen ist, selbst dann, wenn zu seinem Radix-Horoskop keine progressiven Aspekte gegeben sind. Er steht mit dem progressiven Composit-Mond in Verbindung, weil dieser mit seinem Radix-Horoskop verbunden ist. In diesem Fall wäre denkbar, dass der Mann seine Verbindung zwischen Mars, Saturn und Uranus nun eher in der Beziehung als in anderen Lebensbereichen auslebt.

Teilnehmer: Gilt das auch dann, wenn kein Kontakt zwischen dem Composit-Mond und der Mars-Saturn-Uranus-Verbindung besteht?

Liz: Ja. Allerdings würden sich die Geschehnisse noch stärker manifestieren, wenn es einen Aspekt zwischen einem Composit-Planeten und seinem Radix-T-Quadrat gäbe. In diesem Fall würde der progressive Composit-Mond beides auslösen. Ein Aspekt zwischen dem progressiven Composit-Mond und der Radix-Verbindung zwischen Mars, Saturn und Uranus würde bedeuten, dass die emotionale Sphäre des Lebens ihn in der betreffenden Phase mit sich selbst konfrontiert. Ein solcher Aspekt wäre wie ein Spiegel, der ihm seine Radix-Konfiguration vor Augen führt und mithilfe der Beziehung bewusst werden lässt. Überdies hätte er damit die Möglichkeit, sie im Rahmen der Beziehung zum Ausdruck zu bringen.

Auch im Synastrie-Vergleich zwischen zwei Menschen spielt dies eine Rolle. Wenn ein progressiver Planet unseres Partners einen unserer Radix-Planeten erreicht, konfrontiert unser Partner uns unbewusst mit einer Facette unserer eigenen Psyche – gemäß dem Entwicklungsstand des jeweiligen Planeten. Sehr viel häufiger, als wir annehmen, besteht unsere erste Reaktion darin, den Radix-Planeten auf den Partner zu projizieren, besonders dann, wenn er nicht gut zum Ausdruck kommt oder wir uns seiner nicht bewusst sind. Der Unterschied besteht darin, dass die Beziehung und nicht eine andere Person die Enthüllung transportiert. Die Beziehung löst etwas in uns aus, das aller Wahrscheinlichkeit nach zu einer starken Reaktion führt, weil es schon immer Teil unseres Wesens war – Teil unseres Geburtshoroskops. Das trifft auch auf günstige Konfigurationen zu: Wenn die progressive Composit-Sonne oder ein anderer progressiver Composit-Planet in Kontakt mit unserem Großen Trigon im Element Feuer kommt oder mit unserer Radix-Konjunktion zwischen Venus und Jupiter, wird sich ebenfalls eine sehr starke – allerdings positive – Reaktion ergeben.

Der progressive Composit-Mond

Die progressive Sonne bewegt sich im Composit mit der gleichen Geschwindigkeit wie im individuellen Horoskop fort. Selbst in der Beziehung, die viele Jahre besteht, werden wir wahrscheinlich nicht allzu viele »Treffer« der progressiven Sonne in unserem Radix-Horoskop erleben. Es ist sehr viel einfacher, den progressiven Mond zu verfolgen, der sich, wie schon gesagt, etwa ein Grad pro Monat fortbewegt. Im individuellen Horoskop ist der progressive Mond der Wanderer, der Suchende, der hinauszieht und Erfahrungen macht aufgrund seiner emotionalen und instinktiven Wahrnehmungen und Reaktionen. Der Mond ist wie ein Gefäß, er nimmt auf. Man kann ihn mit einer Schale vergleichen, die gefüllt werden will, die in Verbindung mit anderen und mit dem Leben stehen möchte. Wenn der Mond um unser Horoskop läuft, machen wir uns auf und setzen uns mit dem Leben auseinander; wir begegnen Menschen und Situationen, die seinen Transiten zu unseren Radix-Planeten entsprechen. Der progressive Mond-Zyklus um das Horoskop dauert etwa 28 Jahre. Der progressive Mond vollendet den Zweck des aktuellen Zyklus zu der Zeit, wenn er der progressiven Sonne (was dem progressiven Vollmond entspricht) gegenübersteht. Seine neue »Reise« beginnt dann, wenn er in der Progression auf der Sonne zu stehen kommt (progressiver Neumond).

Insofern erfüllt sich unser Schicksal durch Beziehungen, und wir werden mit unseren eigenen archetypischen Mustern konfrontiert, indem wir es mit anderen zu tun bekommen. Wir kommunizieren nicht durch die Sonne – sie stellt etwas Innerliches dar, das hinter der Welt der Formen liegt und auf den vom Mond personifizierten Begegnungen basiert, die »unseren Zweck« erkennen lassen. Der Mond signalisiert, wie wir instinktiv an Beziehungen herangehen, durch ihn kommen wir mit anderen in Kontakt. Wenn der progressive Mond im Aspekt zu einem Radix-Planeten steht, lernen wir Menschen kennen, die dem Wesen dieses Planeten entsprechen und die wichtig für uns sind. Emotional bedeutsame Geschehnisse ergeben sich zu Zeiten, wenn der progressive Mond markante Aspekte zu Radix-Planeten oder Achsen unseres Horoskops bildet.

Der Composit-Mond hat die gleiche Funktion in der Beziehung. Er macht sich auf und sammelt Erfahrungen; er kehrt zurück mit einer gefüllten Schale, die dann von der Composit-Sonne verarbeitet und transformiert wird hinsichtlich dessen, was »Bedeutung« und »Schicksal« der Beziehung sind. Der Composit-Mond kommt durch zwei Menschen zum Ausdruck; die Beziehung in ihrer Quintessenz – der Composit-Sonne –

kann sich nicht auf den Weg machen und diese Art von emotionalen Begegnungen herstellen. Insofern richtet sich der progressive Composit-Mond auf die beiden betreffenden Menschen.

Wenn der progressive Composit-Mond zu irgendetwas in unserem Radix-Horoskop in Kontakt kommt, werden wir während des betreffenden Monats – der Mond steht nur etwa vier Wochen auf einem Grad – in der Beziehung entsprechende Erfahrungen sammeln. Befindet sich der progressive Composit-Mond zum Beispiel auf meiner Radix-Venus, bin wahrscheinlich ich es, die die Beziehung mit Harmonie und Schönheit erfüllt. Steht der progressive Composit-Mond in Opposition zu meinem Saturn, werde ich es sein, die sich zurückzieht oder für eine Atmosphäre der Kälte sorgt. Wenn der progressive Composit-Mond auf die Composit-Venus kommt, erlebt die Beziehung als solche eine Phase von Harmonie und Zuneigung; und tritt der progressive Composit-Mond in Opposition zum Composit-Saturn, wird die Beziehung selbst abkühlen oder sich harten Einschränkungen gegenübersehen. Erkennen Sie den Unterschied?

Teilnehmer: Ich glaube, ja. Der Unterschied liegt darin, ob man sich der Höhen und Tiefen der Beziehung bewusst ist, ohne sich persönlich dafür verantwortlich oder davon bedroht zu fühlen oder nicht und ob man sich auf das einstimmen und reagieren kann, was man wahrnimmt.

Liz: Genau. Und das, was Ihrer Wahrnehmung nach geschieht, ist in der Tat Ihr innerliches Selbst, widergespiegelt durch den emotionalen Beiklang der Beziehung zu dieser Zeit.

Teilnehmer: Wenn also in der Progression der Composit-Mond auf meinem Radix-Mars steht, bin ich es, der die Beziehung mit Energie auflädt – mit meiner Wut und meiner Leidenschaft oder auch dadurch, dass ich Ziele setze, die die Beziehung auf die eine oder andere Art aktiv werden lässt. Und wenn der progressive Composit-Mond meine Radix-Sonne aspektiert, dann leuchtet mein solares Licht auch in der Beziehung.

Liz: Sie haben es erfasst. Der Composit-Mond in der Beziehung kommt durch zwei Menschen zum Ausdruck, und zwar gemäß dem Radix-Planeten, den er überquert. Wenn wir uns dessen nicht bewusst sind, könnten wir etwas in der Beziehung ausleben, ohne im Geringsten zu wissen, was eigentlich geschieht. Wie aus heiterem Himmel verhalten wir uns dann auf diese oder jene Weise. Man muss kein Astrologe sein, um zu spüren, dass so etwas geschieht; man kann es wahrnehmen, wenn einem etwas an seinen Beziehungen liegt und man sich Gedanken über seine Einstellung dazu macht. Lunare Menschen tun dies ganz instinktiv, mit oder auch ohne jedes astrologische Wissen. Hier handelt es sich aber um einen der Bereiche, in denen wir als Individuum einen großen Einfluss auf das Composit und die Weise haben, wie sich die Beziehung entwickelt.

Der progressive Composit-Mond transportiert das, was wir in ihn hineinlegen. Wenn er an unser Radix-Horoskop rührt, ist er mit Erfahrungen erfüllt, die gefärbt sind von dem, was wir von uns selbst anbieten. Weil sich der progressive Mond so schnell fortbewegt, kommt er während eines Zeitraums von zweieinhalb Jahren mit allem aus unserem Radix-Horoskop in Berührung. Bei einer länger währenden Beziehung können wir sehen, wie er wirkt. Schauen Sie zurück und rufen Sie sich ins Gedächtnis, was geschah, als der progressive Composit-Mond in Konjunktion zu Ihrem Radix-Uranus stand. Was taten Sie damals? Welche Gefühle hatten Sie gegenüber der Beziehung? Und was passierte, als er sich auf Ihrem Radix-Saturn befand? Und wie fühlten Sie sich bei seiner Opposition zum Radix-Neptun?

Teilnehmer: Fallen solche Geschehnisse nicht auch mit Progressionen oder Transiten im Radix-Horoskop zusammen?

Liz: Oftmals ist das tatsächlich der Fall. Wenn wir uns mit dem progressiven Composit-Mond während einer besonders kritischen Zeit auseinander setzen, kann uns das die Dinge in einem anderen Licht zeigen. Ihn ständig zu analysieren führt allerdings zu sehr vielen Informationen und zu keiner Zeit für die Beziehung! Wie dem auch sei – auf diese Art können wir unserer Verständnis der Progressionen und Transite im eigenen Horoskop ausdehnen. Es ist das Composit, das die Dynamik der Beziehung am deutlichsten erkennen lässt. Es kann auch dann innerliche Vorgänge erklären, wenn kein passender Transit oder keine passende Progression zum Radix-Horoskop auszumachen ist.

Wenn ein progressiver Planet bei jemandem einen Radix-Planeten auslöst, sind die persönlichen Themen von innen her aktiviert. Dies ist *kairos* – der Moment, in dem etwas in unser Bewusstsein aufsteigt, das Bestandteil unserer Seele ist. Wenn mein progressiver Mond über meinen Radix-Saturn läuft, könnte ich unter Depressionen zu leiden haben und glauben, dass mich niemand liebt. Vielleicht verhalte ich mich dann auch für die Zeit, während der diese Progression wirksam ist, auf eine entsprechende Art. Vielleicht suche ich nach einem Sündenbock in der Beziehung oder in der Außenwelt, dem ich die Schuld dafür geben kann – früher oder später aber werde ich mich selbst fragen müssen, ob nicht meine eigene Haltung die Ablehnung und Isolierung erzeugt, die ich spüre, und wo die Gründe dafür liegen. Nicht der Partner oder die Beziehung ist für diese Haltung verantwortlich; es handelt sich um *meinen* progressiven Aspekt, auch dann, wenn äußerliche Faktoren als Katalysatoren wirken. Ich bin für meine Gefühle selbst verantwortlich.

Vielleicht läuft auch der progressive Composit-Mond über meinen Radix-Saturn, und ich verhalte mich womöglich auf die gleiche Weise, ohne dass mein Progressions-Horoskop als Auslöser wirkt. Die Beziehung macht mir dann meinen Saturn bewusst – nicht weil sie mir Gefühle der Zurückweisung beschert, sondern weil etwas von ihrem aktuellen Beiklang mich an die Vergangenheit erinnert und an Erfahrungen, die in mir Gefühle der Zurückweisung und Isolation aufsteigen lassen. Auch in diesem Fall bin ich für meine Gefühle selbst verantwortlich, wenngleich sie nicht mit einer persönlichen zeitlichen Auslösung einhergehen. Viel hängt hier natürlich davon ab, wie bewusst ich mir meines Radix-Saturns bin. Ich könnte in dieser Situation auf eine kreative Weise reagieren; ich könnte aber auch in die übliche unbewusste, negative Saturn-Haltung verfallen. Dann würde ich meinen Saturn auf den progressiven Composit-Mond abwälzen, was bedeuten würde, dass ich die Beziehung erstarren lasse, sie ersticke, sie beschränke oder mich emotional von ihr zurückziehe.

Composit-Planeten in der Progression können starke Reaktionen in uns hervorrufen, sowohl positive als auch negative. Es sind die verschiedensten Probleme in Beziehungen denkbar, die uns deren autarkes Wesen vor Augen führen. Etwas in der Beziehung kann als Katalysator hinsichtlich des Wachstums, des Leidens und der innerlichen Entwicklung beider Partner dienen, ohne dass einer oder beide direkt dafür verantwortlich sind – einfach deshalb, weil da etwas im Composit oder im progressiven Composit ist. Allerdings tragen wir individuell die Verantwortung dafür, wie wir damit arbeiten.

Teilnehmer: Es ist wie eine chemische Reaktion. Jede Substanz hat ihre eigene Identität – wenn man aber zwei zusammenbringt, entsteht etwas ganz anderes.

Liz: Jeder von Ihnen, der jemals einen Kuchen gebacken hat, kennt diese wichtige Wahrheit. Am Schluss kommt etwas ganz anderes heraus als das Mehl, die Eier, der Zucker und die Hefe, die wir am Anfang hineingesteckt haben. Die Hitze und die chemischen Reaktionen haben das Wesen der Zutaten unwiderruflich verändert. Wir können die Zutaten nicht mehr in ihre ursprüngliche Form zurückführen, falls wir mit dem Resultat nicht zufrieden sind – der Kuchen ist so, wie er ist. Wenn wir einen Schokoladenkuchen gebacken haben, können wir nicht einen Bestandteil davon entfernen und sagen: »Ein Käsekuchen wäre mir doch lieber.« Es ist nun einmal ein Schokoladenkuchen geworden. Die Zutaten haben dazu geführt. Es gibt keine Möglichkeit, daraus noch einen anderen Kuchen zu machen.

Teilnehmer: Aber können nicht zwei bewusste Menschen daran arbeiten, die Dinge zu verändern?

Liz: Ich wusste, dass sich diese Frage stellen würde. Die beiden Menschen können akzeptieren, dass sie einen Schokoladenkuchen bekommen haben und aufhören zu jammern, dass es kein Käsekuchen geworden ist. Das erhöht die Freude und mildert das Gefühl der Enttäuschung. Sie können den Kuchen auf einer schönen Platte mit einer hübschen Serviette servieren – als eine Art Ehrung dessen, was sie erschaffen haben. Sie können ihn langsam und genussvoll verzehren, anstatt ihn in sich hineinzustopfen und sich danach zu übergeben. Und wenn einer der beiden plötzlich gegen Schokolade allergisch werden sollte, gibt es zwei Möglichkeiten: das Immunsystem unter Druck setzen oder anerkennen, dass es vielleicht nicht die richtige Nahrung ist und etwas anderes suchen. Der Schokoladenkuchen aber ist, was er ist.

Teilnehmer: Es handelt sich um einen Erfahrungsbereich, den wir ohne diese bestimmte Beziehung nicht kennen lernen würden.

Liz: Sehr gut ausgedrückt. Eine Beziehung lässt häufig beide Partner Erfahrungen machen, die sie allein nicht gemacht hätten. Wenn vom Composit aus machtvolle Einflüsse zum Geburtshoroskop bestehen, kann das förderlich für die persönliche Entwicklung sein. Oftmals kommt das, was wir für unsere Entwicklung brauchen, nicht vom Horoskop des Partners, sondern vom Composit. Ich glaube nicht, dass wir Beziehungen eingehen, die wir nicht brauchen. Wir entwickeln uns mit ihnen. Wenn jemand Teil unseres Lebens ist, brauchen wir ihn, zu dieser Zeit und an diesem Ort, auch wenn wir den Grund dafür nicht verstehen. Manchmal ist es die Person, die wir brauchen, manchmal die Beziehung.

Teilnehmer: Worin unterscheidet sich die Beziehung, in der die Anziehung durch Synastrie zu erklären ist, von derjenigen, wo diese auf dem Composit beruht? Dienen diese beiden verschiedenen Zwecken?

Liz: Ich weiß es nicht. Starke Aspekte zum Composit fühlen sich anders an als starke Aspekte zu einem anderen Menschen.

Natürlich überlappen sich die beiden meistens; die Trennlinie ist nicht so deutlich, wie ich es dargestellt habe. Starke Aspekte zwischen zwei Geburtshoroskopen lassen die Partner spüren, dass die Faszination vom anderen ausgeht. In diesem Fall kann man aktiver arbeiten und bewusstere Entscheidungen treffen. Handelt es sich um die Beziehung, gibt es manchmal ein eigenartiges Gefühl der Passivität. Beide Partner fühlen sich irgendwie gefangen. Ohne die Klarheit, die das Composit liefert, kann es schwer fallen zu verstehen, warum es zur Beziehung mit einer bestimmten Person gekommen ist. Die enge Verbindung zwischen Composit und Radix-Horoskop legt für mich die Vermutung nahe, dass Ersteres ein viel umfassenderes Muster von menschlichen Verbindungen anzeigt. Durch unsere Beziehungen mit ihrem Einfluss auf das individuelle Horoskop stehen wir in Kontakt mit dem unermesslichen evolutionären System des Lebens, das sich durch den endlosen Austausch menschlicher Begegnungen weiterentwickelt. Das ist etwas viel Komplexeres, als wenn ich jemanden liebe oder jemand mich liebt. Es ist aber auch alles, was ich dazu sagen kann.

Ein Beispiel

Wir wollen jetzt darangehen, unsere Theorien zu untermauern. Hier sehen wir das Composit für einen Mann und eine Frau. Später werde ich das progressive Composit für den Zeitpunkt ihrer Eheschließung zeigen. Wir können uns auch noch mit einigen wichtigen Transiten befassen und Verbindungen zwischen dem Composit und den beiden Geburtshoroskopen untersuchen. Zunächst aber müssen wir eine Idee bekommen, was dieses Horoskop über die Beziehung an sich erkennen lässt, danach können wir uns mit all den anderen komplizierten Details befassen. Wer will der Erste sein und sagen, was ihm an diesem Composit auffällt?

Familiäres Erbe im Composit

Teilnehmer: Jupiter und Chiron befinden sich genau am IC.

Liz: Ja. Diese wirklich ganz genaue Konjunktion mit einem Orbis von weniger als einem Grad ist sehr einflußreich. Wenn im Composit ein oder mehrere Planeten an einer Achse stehen, bedeutet das häufig, dass die Beziehung auf die eine oder andere Weise einen gewissen Archetypus verkörpert und dass sie die Eigenschaften dieses einen oder dieser Planeten auf eine sehr konkrete Art personifiziert. Steht ein Planet im Radix-Horoskop genau auf einer Achse, ist das ein Brennpunkt unseres Lebens – die Achsen »inkarnieren« uns in das Erdendasein gemäß den Planeten, die mit ihnen verknüpft sind. Menschen mit Planeten an Achsen erregen Aufmerksamkeit; sie tragen und personifizieren den Planeten auf eine Art, die deutlicher als bei anderen ist. Composit-Horoskope mit Planeten an Achsen machen sich in ähnlicher Form bemerkbar. Das ist sehr augenfällig bei Planeten am MC, es trifft aber gleichermaßen auf das IC zu. Die Polarität der Halbsummen ist fortwährend gültig. Was verkörpert diese Beziehung? Ziehen Sie auch die Aspekte zu dieser Konjunktion in Betracht. Jupiter und Chiron stehen im Trigon zur Composit-Sonne im 11. Haus an der Spitze zum 12. Haus. Außerdem ist eine weite Opposition zu Uranus am MC gegeben.

Teilnehmer: Könnte diese Stellung vielleicht mit der Etablierung von etwas zusammenhängen, das mit Kreativität oder Heilung zu tun hat? Mir kamen die Verbindungen zwischen Chiron und Heilung sowie Jupiter und Expansion in den Sinn.

Liz: Man könnte es so interpretieren. Die beiden Planeten aber stehen im Steinbock. Erinnern Sie sich bitte daran, dass die Zeichen im Composit-Horoskop eher im wörtlichen Sinn auszulegen sind. Stünden Jupiter und Chiron in den Fischen oder im Skorpion, würde ich mich Ihrer Meinung anschließen und sagen: »Ja, das könnte sein.« Lassen Sie uns darüber nachdenken, was wir über den Steinbock wissen. Wovon handelt dieses Zeichen?

Teilnehmer: Von schwierigen Zeiten.

Teilnehmer: Trauer.

Liz: Sie haben eine ziemlich düstere Meinung vom armen Steinbock. Der Steinbock symbolisiert die gesellschaftliche Stellung, Status, Hierarchie und Autorität. Jupiter steht in Zusammenhang mit Expansion und günstigen Entwicklungen. Chiron hat zu tun mit Beeinträchtigungen aus der Vergangenheit. Das IC symbolisiert unsere Wurzeln, die Abstammung und unsere Ahnen. Versuchen Sie jetzt, auf eine fundamentalere astrologische Weise zu denken.

Teilnehmer: Jupiter an einer Achse oder in einem Eckhaus bedeutet eine theatralische Natur.

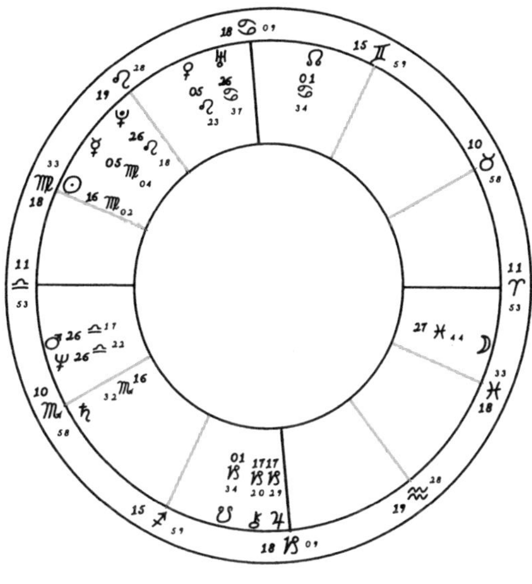

Abbildung 6

Liz: Ja, in diesem Fall aber auf eine formalere und subtilere Art. Jupiter steht im Steinbock, nicht im Löwen, und es handelt sich um das IC und nicht das MC.

Teilnehmer: Vielleicht Geschäftstüchtigkeit in einer nüchternen Form.

Teilnehmer: Möglicherweise geht es um ein Ehepaar, das politisch hinter den Kulissen aktiv ist.

Liz: Das hört sich schon eher nach Steinbock-Prinzipien an.

Teilnehmer: Handelt es sich um Bill und Hillary Clinton?

Liz: Nein. Versuchen Sie, mehr aus dem Horoskop abzulesen, bevor Sie Vermutungen anstellen.

Teilnehmer: Uranus befindet sich am MC, in einer weiten Konjunktion mit der Löwe-Venus, die über das Horoskop herrscht. Ich würde sagen, dass das Paar ein Leben in der Öffentlichkeit führt, das von großem Glanz sowie von einer unkonventionellen Ader geprägt ist.

Liz: Ja, Venus-Uranus legt das nahe. Für den Augenblick aber sollten Sie versuchen, sich mit der Konjunktion am IC zu befassen. Wir wissen, dass Chiron mit Wunden einer bestimmten Art zu tun hat. Er beschreibt Verletzungen, die vom Kollektiv zugefügt wurden, die sich ergeben aus dem unvollkommenen Wesen des Menschen und der Gesellschaft. Chiron verletzt gemäß dem Zeichen, in dem er steht. Worum geht es bei Steinbock-Wunden?

Teilnehmer: Um das Vater-Prinzip. Um Autorität. Heißt das, dass die Beziehung an sich bestimmte Wunden aufweist? Etwas, das keine Heilung finden kann, weil es Teil der Vergangenheit ist und Teil der Welt, in der die Beziehung existiert?

Liz: Ja. Die Beziehung basiert ebenso auf familiären Wunden (Chiron) wie auf familiären Verdiensten (Jupiter). Sie wird verletzt durch etwas aus der Vergangenheit, durch etwas, das mit der Gesellschaft und mit der familiären Linie zu tun hat und nicht geheilt werden kann. Steinbock und auch das IC stehen in Verbindung mit dem Vater-Prinzip, insofern ist dies eine doppelte Aussage über die elterliche Vergangenheit.

Teilnehmer: Ist nicht Großbritannien auch unter dem Steinbock geboren? Hat die Wunde etwas mit der Klasse, mit der ererbten Position zu tun?

Liz: Sie bewegen sich in die richtige Richtung. Sie sind auch auf einen interessanten Punkt zu sprechen gekommen. Im Radix-Horoskop des Vereinigten Königreichs steht die Sonne auf 10° 11' Minuten im Steinbock, und diese Steinbock-Sonne bildet eine Konjunktion zu Jupiter- und Chiron-IC im Composit unseres Paares. Das ist der Grund, warum ich sagte, dass Synastrien zwischen Composit und den einzelnen Horoskopen sehr erhellend sein können. Hier haben wir es nun mit der Synastrie zwischen dem Composit und dem Land zu tun, in dem dieses Paar lebt. Die Auswirkung, die diese sehr öffentliche Beziehung auf die Nation gehabt hat, ist expansiv und glückbringend, sie hat aber auch tiefe Wunden verursacht.[3] Sie können jetzt ohne allzu große Anstrengungen herausbekommen, um wessen Composit es sich handelt.

Teilnehmer: Um das von Charles und Diana.

Liz: Glückwunsch. Sehen Sie jetzt, was ich mit »wörtlich« meine? Wir haben es hier mit der öffentlichsten Beziehung der Welt zu tun, die im Composit eine Konjunktion zwischen Jupiter und Chiron am IC aufweist, welche im Trigon zur Sonne im 11./12. Haus steht.

Der Zweck der Beziehung

Wir wollen uns nun mit der Composit-Sonne befassen. Worin liegt der Zweck dieser Eheschließung?

Teilnehmer: Sie stellt ein gesellschaftliches Symbol dar.

Liz: Ja, der Zweck dieser Verbindung liegt darin, für das Kollektiv ein Symbol zu sein. Aus diesem Grund existiert sie. In dem Horoskop eines einzelnen Menschen können wir die Sonne im 11. Haus als das Bedürfnis interpretieren, für die Gruppe eine Führungsrolle zu übernehmen. Menschen mit der Sonne im 11. Haus sind häufig der Ansicht, anderen ein Vorbild zu sein. Diese Ehe entstand deshalb, um der Gesellschaft ein Beispiel zu geben. Ursprünglich war man der Ansicht, dass das Beispiel makellos und übermenschlich ausfallen würde. Jetzt aber hat es sich als ein authentischeres Exempel von gewöhnlicher, unvollkommener Menschlichkeit erwiesen, in einem Ausmaß, das möglicherweise jenseits aller Vorstellungen lag. Vielleicht war genau das sein Zweck. Das Beispiel hat für viele Menschen lehrreich gewirkt, wenn auch vielleicht nicht auf die Art, wie man sich das erhofft hatte. Die Sonne kann auch zum 12. Haus gerechnet werden – was gibt es also noch zu ihr zu sagen?

3 Das Seminar wurde abgehalten im April 1997, fünf Monate vor Dianas Tod. Die Seminardiskussion über die Ehe von Charles und Diana ist nicht im Nachhinein geändert worden. Allerdings werden im Anhang des Buches die Progressionen zum Composit sowie die Transite dazu aufgenommen.

Teilnehmer: Dienstbereitschaft und Opfer für das Kollektiv.

Liz: Ja. Das Sonne-Trigon zu der Konjunktion am IC legt nahe, dass es hier um den Dienst an den Ahnen geht, den Dienst an der Tradition sowie am Kollektiv. Eine Liebesheirat war nicht der Zweck dieser Verbindung. Das 12. Haus steht für die kollektive Psyche der Ahnen; die Composit-Sonne an dessen Spitze symbolisiert viele Generationen von Verbindungen sowie die Mythen, die sich um die Beziehungen dieser Familie und dieser Nation ranken. Wir wissen nicht, welche allgemeinen Einflüsse diese Beziehung schließlich haben wird; wir können aber sehen, dass die Aussage, die auf diese Verbindung zutrifft, wortwörtlich ausgelegt werden kann. Was immer die beiden Partner persönlich auch fühlen mögen – die Composit-Sonne steht im Dienst einer größeren, verborgenen Wesenheit. Dieses »Schicksal« wird sich im Endeffekt bemerkbar machen, unabhängig davon, wie die beiden Partner ihre Beziehung gestalten wollen.

Das emotionale Leben der Beziehung

Was bedeutet Ihrer Meinung nach der Composit-Mond in den Fischen im 6. Haus?

Teilnehmer: Ein emotionales Leben, das durch Pflichten eingeschränkt ist.

Liz: Ja, das emotionale Leben dieser Beziehung wird bestimmt durch Rituale und Zwänge, die das alltägliche äußerliche Leben mit sich bringt. Wir könnten auch sagen, dass ein Mond im 6. Haus Sicherheit in Ritualen und in der Routine findet. Menschen mit dem Mond im 6. Haus sind häufig Workaholics – ihren täglichen Aufgaben verfallen, weil ihnen das ein Gefühl der Sicherheit verschafft.

Teilnehmer: Könnte man nicht auch sagen, dass Dienstbereitschaft in jeglicher Form emotionale Sicherheit verschafft? Es ist deutlich zu sehen, dass die Beziehung viele Wohltätigkeitsorganisationen aktiv unterstützt und karitative Zwecke gefördert hat.

Liz: Ja, das ist eine gute Beobachtung. Die Composit-Sonne beschreibt den Zweck der Beziehung, den Kern ihres Wesens. Worum geht es beim Composit-Mond?

Teilnehmer: Und das emotionale Leben der Beziehung.

Teilnehmer: Den Alltag. Er bringt zum Ausdruck, wie die Beziehung auf der alltäglichen Ebene funktioniert.

Liz: Er symbolisiert die alltägliche emotionale Verankerung der Beziehung. Der Composit-Mond im 6. Haus weist auf ein emotionales Leben hin, das auf dem geordneten Funktionieren der materiellen Umgebung basiert. Das gilt beim Menschen wie bei der Beziehung. Wenn dieses geordnete Funktionieren beeinträchtigt ist, könnte das Individuum eine Krankheit entwickeln, die Ausdruck der Störung des Wohlbefindens ist. Auf der anderen Seite befindet sich der Mond in den Fischen, die alles andere als ordentlich sind. Die Art des Fühlens der Beziehung ist romantisch, verträumt, von vielen Fantasien und unrealistischen Erwartungen geprägt. Sie ist poetisch, chaotisch, unstrukturiert und für gewöhnlich anfällig für äußerliche Einflüsse. Dieser verletzte Wasser-Mond, der in dem Zeichen »gefangen« ist, das seinem natürlichen Herrscher gegenüberliegt, hat etwas Trauriges.

Schauen wir nun auf die Aspekte, die vom Composit-Mond ausgehen. Er weist Trigone zu Uranus und Venus im 10. und ein Yod zur Mars-Neptun-Konjunktion im 1. und Pluto im 11. Haus auf.

Teilnehmer: Der Composit-Mond im Trigon zu Uranus könnte bedeuten, dass es ein Bedürfnis gibt, sich voneinander freizumachen und emotional autark zu sein.

Teilnehmer: Venus in Konjunktion zu Uranus bedeutet häufig Trennung oder Scheidung.

Liz: Nicht so schnell. Lassen Sie uns zunächst beim Mond bleiben. Der Composit-Mond im Trigon zu Uranus legt nahe, dass es im emotionalen Leben der Beziehung etwas gibt, das für

Unabhängigkeit und Distanz spricht – ungeachtet der Tatsache, dass der Mond in den Fischen steht. Es könnte sein, dass dies für die Beteiligten nicht ganz einfach ist. Nichtsdestotrotz verlangt die Beziehung einen gewissen emotionalen Freiraum. Wir werden später noch untersuchen, wie diese Konfigurationen die beiden Radix-Horoskope beeinflussen. In der Beziehung besteht ein Potenzial sowohl für Zuneigung (Mond in den Fischen im Trigon zur Venus) als auch für Unabhängigkeit. Ob die beiden in der Lage sind, dies zu leben und auf welche Weise, ist eine andere Sache.

Der Composit-Mond in einer Yod-Figur

Wie verhält es sich nun mit dem Yod? Denken Sie daran, was Howard Sasportas über Planeten geschrieben hat, die in einer Yod-Konstellation »gefangen« sind.[4] Er verglich sie mit einem Kalb, das von zwei Stricken gehalten wird und sich in keine Richtung bewegen kann. Der Composit-Mond ist »gefangen« zwischen dem Composit-Pluto im 11. Haus und der Composit-Konjunktion zwischen Mars und Neptun im 1. Haus in der Waage.

Teilnehmer: Der Pluto im 11. Haus lässt mich vermuten, dass viele Menschen alles Mögliche auf diese Beziehung projizieren könnten. Er ist ein richtiger Außenseiter. Wenn irgendetwas schief geht, kriegen es alle mit und geben diesem Paar die Schuld – obwohl es alle anderen womöglich genauso machen.

Liz: Das ist eine genaue Beobachtung – die Beziehung hat tatsächlich etwas Einzelgängerisches. Sie stellt ein Mittel der Transformation dar, in gewisser Weise auch eine Art Sündenbock für das Kollektiv. Dies beeinträchtigt den Mond, der schon durch seine Stellung im 6. Haus gehemmt ist.

4 Howard Sasportas: Direction und Destiny in the Birth Chart. London 1998, CPA Press.

Teilnehmer: Im individuellen Horoskop sagt der Mond etwas über die Mutter aus. Wie steht es mit der Mutter im Composit? Um wessen Mutter geht es? Um seine oder um ihre?

Liz: Der Composit-Mond beschreibt nicht die Mutter von einer der beiden Personen, er beschreibt die emotionale Färbung und die gefühlsmäßigen Bedürfnisse der Beziehung. Die Sonne verdeutlicht deren Zweck; Sonne und Mond zusammen reflektieren die maskulinen und femininen Dimensionen der Verbindung, weniger die Eltern an sich. Auch das 10. und das 4. Haus lassen keine Aussagen über das Wesen der Eltern zu, sie ermöglichen allerdings eine Aussage über das familiäre Erbe. Bei Uranus am MC können wir nicht einfach sagen: »Das ist die Queen.« Vielleicht beschreiben der Mond und das 10. Haus beiderseits Mütter, alle Mütter, und erstrecken sich in die Vergangenheit zurück über beide mütterlichen Linien. Der Mond in den Fischen im 6. Haus legt Emotionen nahe, die mit Märtyrertum aus Pflichtgefühl zu tun haben, und dies könnte auf alle Frauen beider Parteien zutreffen. Uranus am MC lässt auf ein sehr machtvolles und unkonventionelles Element schließen – was von den Frauen beider Seiten in der Tat gesagt werden kann. Dianas Mutter brannte mit einem anderen Mann durch, und die Queen, die gemäß ihrem eigenen Recht herrscht, hat eher einen Gemahl denn einen König an ihrer Seite und ist zwar nicht von ihrer Persönlichkeit, aber von ihrer Rolle her uranisch. Uranus im 10. Haus in einem Radix-Horoskop zeigt häufig eine gefangene Mutter an – eine unabhängige Frau, die ihren freien Geist nicht zum Ausdruck bringen kann und auf ihre Kinder womöglich kalt, abweisend oder sprunghaft wirkt.

Der Composit-Mond kann etwas erkennen lassen über das Erbe der mütterlichen Linie beider Partner. Allerdings müssen wir uns hüten, zu sehr ins Persönliche zu gehen. Wenngleich das Composit familiäre Komplexe erkennen lassen kann, geht es doch eher um die mütterliche und väterliche Linie als um die Eltern an sich. Ohne Frage sind die damit verbundenen archetypischen Prinzipien, die das familiäre Erbe darstellen, am 4.

und am 10. Haus abzulesen. Wenn diese Häuser betont sind – wie es im vorliegenden Composit der Fall ist –, könnten die familiären Komplexe einen wichtigen Teil der Beziehung bilden. Das Composit zeigt aber nicht, um wessen Schwiegermutter es geht.

Die Beziehung und ihre »Berufung«

Blicken wir jetzt noch einmal kurz auf die Konjunktion zwischen Venus und Uranus. Sie kamen bereits auf das allgemeine Bild von Glanz und Unkonventionalität zu sprechen sowie auf die Verbindung dieser Planeten mit Trennung und Scheidung. Worin liegt die öffentliche Aufgabe der Beziehung, wie sie durch diese Stellungen zum Ausdruck kommt? Im individuellen Horoskop würden wir Planeten im 10. Haus ganz allgemein als die Berufung oder als die Rolle interpretieren, die der Mensch in der Gesellschaft braucht.

Teilnehmer: Meiner Ansicht nach ist es sehr interessant, dass Uranus im Krebs am MC steht. Mir ist klar, dass das Composit kein »richtiges« Horoskop ist. Als Sie aber über die Generation mit dem Krebs-Uranus sprachen, sagten Sie, dass diese neue Ansichten zum Familienleben hat. Es handelt sich um eine Generation, die nach einer anderen Art von Familie sucht, vielleicht einer, die nicht so stark auf Blutsverwandtschaft basiert. Vielleicht dient diese Beziehung dem gleichen Zweck.

Liz: Ich denke, das stimmt. Die Heirat sollte dazu dienen, die königliche Familienlinie weiterzuführen – ich vermute, im Endeffekt kommt etwas ganz anderes dabei heraus. In gewisser Weise ist diese Beziehung, weil der Composit-Uranus im Krebs am MC steht, »anti-familiär«. Vielleicht könnte man sogar sagen, dass für eine lange Zeit in der familiären Linie ein revolutionärer Geist gegärt hat. Die Beziehung hat aus der mütterlichen Linie uranische »Neigungen« geerbt, die früher oder später zum Ausdruck kommen mussten.

Teilnehmer: Ich würde gern noch etwas mehr über Jupiter-Chiron am IC erfahren. Das sagt doch bestimmt etwas über den Vater aus. Charles hat einen Vater, der seiner Frau untreu gewesen war.

Teilnehmer: Prinz Philip hatte eine französische Geliebte, die jetzt gestorben ist.

Teilnehmer: Woher haben Sie das denn? Aus der Klatschpresse?

Teilnehmer: Ich habe viele Freunde, die Journalisten sind. Insofern könnte die Information stimmen.

Liz: Ich sagte zuvor bereits, dass es nicht ratsam ist, das Composit allzu persönlich zu interpretieren. Ich glaube nicht, dass die Jupiter-Chiron-Konjunktion am Composit-IC zwangsläufig bedeuten muss, dass Prinz Philip eine französische Geliebte hatte. Nahe liegend ist aber ein hoher Status und viele Privilegien (Jupiter im Steinbock) in der väterlichen Linie sowie gleichzeitig tiefe Wunden und Misstrauen in Autorität oder auch deren Missbrauch (Chiron im Steinbock).

Teilnehmer: Prinz Philip ist Grieche, und ich glaube, dass Dianas Mutter schließlich einen Argentinier geheiratet hat. Die königliche Familie ist eigentlich deutsch; sie gab sich wegen des 1. Weltkrieges den Namen Windsor. Das hat alles etwas sehr Uranisches.

Liz: Es gibt hier wohl eine sehr gemischte Ahnenschar, kaum reines britisches Blut.[5]

Teilnehmer: Ich denke immer darüber nach, dass die Beziehung Wunden davongetragen hat. Kann sich eine Beziehung »verletzt« fühlen, wie es ein Mensch tut?

Liz: Dies ist ein wichtiger Punkt. Wir können dem Composit keine menschlichen Gefühle zuschreiben. Chiron am IC sagt etwas über eine Verwundung aus, die vom Autoritätsprinzip herrührt – oder auch diesem zugefügt wurde. Dies stellt ein

5 In der Times war unlängst zu lesen, dass es in der königlichen Familie einen schwarzhäutigen Vorfahren gegeben haben soll.

grundsätzliches Element der Beziehung sowie ein Erbe aus der Vergangenheit dar. Wenn aber das Composit eine Wunde anzeigt, weist das auf einen Sachverhalt hin, nicht auf ein Gefühl. Was ist eigentlich eine Wunde? Das *Chambers Twentieth Century Dictionary* definiert sie als »jegliche Beeinträchtigung des Körpers, die von äußerlichen mechanischen Kräften hervorgerufen wird, ob durch Schnitt, Stich, Quetschung, Schürfung oder Vergiftung.« Ein natürliches Muster oder innerlicher Zustand hat durch einen gewalttätigen Einfluss eine Beeinträchtigung erfahren; irgendetwas wurde gebrochen, verletzt, verstümmelt oder penetriert, gegen den Willen den Betroffenen. Menschen fühlen Schmerz, wenn sie – physisch oder psychisch – verwundet werden. Jede Wesenheit kann verwundet oder beeinträchtigt werden; allerdings fühlt nur die organische Lebensform bei der Verwundung Schmerz. Ein Gebäude kann durch einen Hurrikan zerstört werden; es empfindet dabei aber keinen Schmerz, wie wir Menschen ihn verstehen. Der Besitzer empfindet ihn womöglich (besonders dann, wenn er keine Versicherung abgeschlossen hat). Für das Gebäude aber trifft das nicht zu.

Wir erleben Chirons Wunden als schmerzhaft, weil wir wissen, dass da etwas in uns durch einen Schnitt, Stich, eine Quetschung, eine Schürfwunde oder durch Vergiftung beeinträchtigt wurde und wir der Ansicht sind, dass wir die erlittene Verletzung nicht verdienen. Wir sind uns bewusst, wie es uns jetzt ohne diese Wunde ginge, und das schmerzt. Die Beziehung aber reagiert nicht mit einem Gefühl von Frustration, Schmerz oder Wut. Die Beziehung sagt nicht zu sich: »Es ist einfach nicht gerecht, dass ich eine solch komplizierte Familiengeschichte habe.« Der Composit-Chiron am IC weist lediglich darauf hin, dass die Beziehung mit nicht zu ändernden Beschränkungen konfrontiert ist. Sie ist auf eine Weise an die Familiengeschichte gekettet, die für die meisten von uns etwas Unfassbares hat. Es bestehen innerliche Beschränkungen von steinbockhafter Art – Traditionen, Regeln, Gesetze –, die bei der Verwirklichung des Zwecks der Beziehung helfen (Composit-Chiron im Trigon zur Composit-Sonne), allerdings möglicherweise der Natürlichkeit des Ausdrucks im Wege stehen (Composit-Chiron im Quadrat zum Composit-Aszendenten). Die »Beeinträchtigung« durch den Composit-Chiron hängt nicht mit einer abstrakten Norm für Beziehungen zusammen. Es gibt hier keine Normen. Die Beeinträchtigungen müssen im Hinblick auf die Norm gesehen werden, die auf diese besondere Beziehung zutrifft. Diese Composit-Platzierung sagt nicht aus, dass die Beziehung gut oder schlecht ist, auch nicht, dass viele Schmerzen mit ihr verbunden sind. Es geht lediglich um den einen Sachverhalt: Das volle Potenzial dieser Verbindung kann niemals ausgeschöpft werden, weil es zu einer unwiderruflichen Beeinträchtigung kam, lange bevor diese beiden Menschen geboren wurden.

Die Bedeutung der Composit-Sonne

Teilnehmer: Ich würde gerne mehr über den Opfer-Aspekt der Sonne im 12. Haus erfahren. Wenn die Composit-Sonne den Zweck der Verbindung darstellt, wird ihr Zweck im 12. Haus geopfert.

Liz: Nein, ihr Zweck ist das *Opfer*. Das ist etwas anderes. Im 12. Haus kann die Sonne nicht für sich allein zum Ausdruck kommen. Ihr Licht kann nicht für die Freude und das Wohlergehen der Beziehung allein scheinen. Ihr Licht muss sich richten auf die größere Wesenheit, von der die Verbindung ein Teil ist. Diese Beziehung kann nicht nur aus dem Grund des persönlichen Vergnügens und der Befriedigung der beiden Partner existieren. Persönliches Glück und Erfüllung gehen in einem größeren Ganzen auf, welches nicht nur die Ahnen, sondern auch die nationale kollektive Psyche widerspiegelt. Die Beziehung muss auf etwas verzichten, das für die meisten selbstverständlich ist, wenn sie sich mit jemandem zusammenschließen.

Um es noch einmal zu wiederholen: Es geht darum, ob die beiden Partner von ihrer Persönlichkeit her in der Lage sind, einer Verbindung mit derartigen Voraussetzungen gerecht zu werden. Wenn nicht entsprechende Faktoren im Geburtshoroskop enthalten sind, besteht diesbezüglich vielleicht ein großer Unwille, weil die Lebenskraft der Beziehung nicht dazu genutzt werden kann, die beiden Partner zu stärken. Diese Beziehung muss dazu dienen, alle zu stärken, vielleicht auch dazu, auf die eine oder andere Weise Erlösung von der Vergangenheit zu finden. Das ist das Element des Opfers. Wie bei Chiron am IC sagt die Stellung der Composit-Sonne aber nichts darüber aus, ob das mit Schmerzen verbunden ist oder nicht – es handelt sich nicht um das Horoskop einen einzelnen Menschen. Es bringt lediglich Fakten über die Beziehung zum Ausdruck. Die betreffenden Menschen mögen Schmerz empfinden, wenn sie dem Zweck der Beziehung nicht gerecht werden können.

Teilnehmer: Sie haben einige Male gesagt, dass das 12. Haus mediale Züge hat.

Liz: Planeten im 12. Haus weisen in der Tat mediale Züge auf. Wenn etwas im 12. Haus steht, ist es für die tieferen Ebenen der kollektiven Psyche empfänglich. Der innerliche Drang, den diese Planeten symbolisieren, kann nicht manifestiert werden, ohne dass alles Mögliche mit zum Ausdruck gebracht wird. Der Mensch mit der Sonne im 12. Haus findet es womöglich schwer, Individualität zu beweisen, weil er stark auf die kollektive Psyche eingestimmt ist, einschließlich der familiären Vergangenheit. Der »Zweck« besteht hier nicht darin, auf die Entwicklung einer Individualität zu verzichten, sondern sie als einen Akt der Hingabe an die umfassendere Psyche aufzufassen. Das ist der Grund, warum Dienstbereitschaft und spirituelle Verpflichtung so häufig die Themen des 12. Hauses sind. So verhält es sich auch bei der Inspiration des Künstlers, die sich tieferer und älterer Quellen als der bloßen persönlichen Erinnerung bedient. Bei Planeten im 12. Haus muss man sich damit auseinander setzen, was das kollektive Unbewusste benötigt. Sie dienen einem umfassenderen Ganzen.

Teilnehmer: Der Composit-Mond befindet sich in den Fischen, was ihm eine 12.-Haus-Färbung gibt. Außerdem ist er mitsamt Neptun Bestandteil eines Yods. Das spricht doch für eine ganze Menge Dienst für das Kollektiv, nicht wahr?

Liz: In der Tat. Insofern muss uns das Durcheinander, das dieser Hochzeit folgte, nicht besonders überraschen. Es spiegelt nur unser eigenes Durcheinander wider.

Teilnehmer: Könnte es sein, dass diese Beziehung gezwungen ist, den Deckmantel der archetypischen Königshochzeit zu tragen?

Liz: Sie hat alle unbewussten Träume, Fantasien, Sehnsüchte, Leiden und Heilsvorstellungen des Kollektivs zu tragen. Was Sie die archetypische Königshochzeit nennen, ist die kollektive Vision der Erlösung. Dass sich diese Vision nicht erfüllte, war unvermeidlich – Märchenhochzeiten gibt es nur im Märchen, ansonsten ist die Eheschließung etwas allzu Menschliches. Als Beziehung hatte diese königliche Verbindung nicht zu erfüllende kollektive Erwartungen auf sich geladen. Charles und Diana mögen als Individuen ihre persönliche Entwicklung verfolgen, zusammen oder unabhängig voneinander; die Beziehung aber hatte eine kollektive Funktion. Sie wies eine archetypische Persona auf, die durch den Krebs-Uranus am MC zum Ausdruck kommt. Dieser Composit-Uranus bringt etwas Neues und Innovatives zum Ausdruck, was der Gesellschaft angeboten werden muss. Uranus bricht immer die Regeln, und im Krebs verstößt er gegen die Regeln des »normalen« Familienlebens. Wenn wir all dies zusammenfügen, ist es schwer vorstellbar, dass die Beziehung sich jemals auf die nette, problemlose, ewig glückliche Weise hätte entwickeln können, auf die alle gehofft hatten.

Teilnehmer: Die Stellung von Charles Radix-Saturn in der Jungfrau ist sehr interessant.

Liz: Ja, darauf möchte ich auch gleich zu sprechen kommen.

Die Synastrie zwischen dem Composit und den beiden Geburtshoroskopen ist außerordentlich aufschlussreich.

Teilnehmer: Wofür steht denn nun die Sonne im Composit-Horoskop wirklich? Ich sehe da immer noch nicht ganz klar.

Liz: Die Composit-Sonne symbolisiert den Zweck der Beziehung. Wie die Sonne im Geburtshoroskop auch verrät sie etwas über das Mysterium, warum ein einzigartiges Individuum lebt und worin dessen Zweck und Schicksal zu sehen ist. Im Composit lässt die Sonne erkennen, warum diese einzigartige Verbindung entstand. Es ist ein sehr unpersönliches Gefühl mit ihr verbunden, dessen wir uns in der Beziehung womöglich nicht bewusst sind – es ist schon schwer genug, uns über die Sonne im eigenen Horoskop klar zu werden. Unsere persönlichen Bedürfnisse können wir recht gut erkennen; es bedarf aber einer breiteren und umfassenderen Perspektive, wenn wir sehen wollen, wer wir eigentlich sein sollten. Die Composit-Sonne weist darauf hin, wie die Beziehung sein sollte. Worin besteht ihre Funktion? Weshalb existiert sie? Warum gibt es sie?

Die Composit-Sonne lässt zudem erkennen, was die höchsten Werte für die Beziehung sind. Im individuellen Horoskop zeigt sie, was dem oder der Betreffenden am teuersten ist. Viele Menschen werden sich dessen niemals bewusst; sie leben ihre Sonne zu keiner Zeit aus, sondern identifizieren sich mit den kollektiven Werten um sich herum. Sie entdecken keine individuellen Werte. Auch viele Beziehungen werden ihrem Zweck nicht gerecht und entwickeln nicht die höchsten Wertvorstellungen, zu denen sie imstande wären, weil die einzelnen Partner unfähig sind, die richtigen Werkzeuge zu finden oder aufgeben, bevor die Verbindung Früchte trägt. Wie viele unter Ihnen sind der Ansicht, dass Sie sich Ihrer höchsten Werte bewusst sowie in der Lage sind, sie zum Ausdruck zu bringen? Nun, zumindest einige heben die Hand. Die Composit-Sonne garantiert genauso wenig Erfüllung wie die individuelle Sonne. Sie stellt ein Potenzial dar und einen Weg.

Als Charles und Diana heirateten, wussten sie – zumindest

auf der intellektuellen Ebene –, dass ihre Verbindung einem größeren Ganzen zu dienen hatte. Emotional konnte Charles wahrscheinlich damit umgehen, weil er demgemäß erzogen worden war. Diana aber fiel das nicht so leicht. Die meisten von uns haben kein intellektuelles Konzept, wozu Beziehungen dienen sollen, einmal abgesehen von der emotionalen Weisheit, sie einfach zu bejahen. Wir sind der Ansicht, dass wir uns mit jemand verbunden haben, weil wir uns in ihn verliebten. Fühlen wir uns unbefriedigt oder unglücklich, geben wir dem Partner oder den Umständen die Schuld. Die Composit-Sonne aber trifft eine andere Aussage: »Hier liegt die Lebenskraft der Beziehung. Dies ist der Grund, weshalb sie besteht. Was auch die persönlichen Hoffnungen und Potenziale sein mögen – dies ist ihr Potenzial. Macht das Beste daraus und tragt als Individuen so viel dazu bei, wie ihr könnt.« Noch einmal: Mit jedem Menschen gibt es ein Composit, welches ein abstraktes Potenzial ist, das sich möglicherweise niemals manifestiert. Und selbst wenn es tatsächlich zu einer Beziehung kommen sollte, dauert sie womöglich nicht so lange, als dass sich ihr solarer Zweck erfüllen könnte. Das sind Sachverhalte, über die uns das Composit keinen Aufschluss gibt.

Die Bedeutung des Composit-Saturn

Vielleicht sollten wir einen schnellen Blick auf den Composit-Saturn im Skorpion im 2. Haus werfen. Er ist an günstigen Aspekten beteiligt: zur einen Seite an einem genauen Sextil zur Composit-Sonne, zur anderen an einem fast exakten Sextil zur Jupiter-Chiron-Konjunktion. Was meinen Sie dazu?

Teilnehmer: Eine starke Bindung. Saturn im Sextil zur Sonne könnte etwas Dauerhaftes bedeuten. Selbst eine Scheidung würde diese Beziehung nicht auslöschen. Sie ist in die Geschichte eingegangen, besonders wegen ihrer Kinder, die Thronfolger sind.

Teilnehmer: Es könnte auch Schwierigkeiten bei der Sexualität anzeigen.

Liz: Vielleicht. Versuchen wir daran zu denken, was Saturn im individuellen Horoskop bedeutet. Er beschreibt einen Mangel oder Entzug – wir fühlen, dass uns etwas sehr Wichtiges verwehrt ist, etwas, das wir uns schließlich selbst erarbeiten müssen. Wir mögen uns eingeschränkt, ängstlich und minderwertig finden und wir bemühen uns, das zu kompensieren – oder weichen dem Gefühl der Beschränkung aus, indem wir es projizieren. Das Zeichen, in dem sich Saturn befindet, zeigt die Qualitäten auf, die uns unserer Meinung nach fehlen oder die uns verwehrt bleiben. Das betreffende Haus sagt aus, in welchem Lebensbereich wir diesen Mangel spüren. Es kann weiterhin anzeigen, wo wir solide Fundamente errichten und ein Gefühl der Unabhängigkeit und Kompetenz entwickeln können, wenn wir uns unseren Ängsten aufrichtig stellen und bereit dazu sind, für das zu arbeiten, was wir wollen.

Das kann man auf das Composit übertragen. Wir wissen, dass das 2. Haus mit Werten zu tun hat, mit Ressourcen und der Materie, mit Sicherheit und dem Gefühl, eine verlässliche Basis im Leben zu haben. Saturn an dieser Stelle legt nahe, dass es eine tiefe Unsicherheit in der Beziehung gibt, den Eindruck, dass ihr ein fundamentaler Bestandteil für eine feste Verankerung in der materiellen Welt verwehrt ist. Skorpion als Wasserzeichen hängt mit emotionaler und sexueller Intimität und Aufrichtigkeit zusammen. Diese Dinge sind für die Beziehung von äußerster Wichtigkeit, allerdings fehlen sie hier, zumindest zum Teil – emotionale Aufrichtigkeit passt nicht zum familiären Hintergrund der beiden Partner. Es braucht harte Arbeit, um dieses Gefühl von Beschränkung zu kompensieren und ein solides, dauerhaftes emotionales Fundament für die Beziehung zu legen.

Niemand ist für diesen Sachverhalt verantwortlich zu machen, er wohnt der Beziehung inne. Jedes Composit-Horoskop weist einen Saturn auf. In diesem Fall liegt die Botschaft darin, dass Stück für Stück ein Gefühl der Nähe und Stabilität entwickelt werden muss, auf eine bewusste und verantwortungsvolle Weise. Auch Geld ist ein Thema des 2. Hauses, und hier gibt es zu viel davon. Reichtum kann den Mangel an wahrem emotionalem Austausch übertünchen und Geld als Ersatz für Nähe verwendet werden. Das ist bei Menschen mit Saturn im 2. Haus häufiger zu beobachten. Manche stammen aus ärmlichen Verhältnissen, manche aus Familien, in denen materielle Besitztümer an die Stelle von wahrer Zuneigung und Würdigung der Identität traten. Sehen wir einen Skorpion-Saturn im 2. Haus in einem individuellen Horoskop, würde ich unabhängig von den Aspekten sagen, dass der oder die Betreffende ein Gefühl der Zuversicht entwickeln muss, indem er oder sie lernt, sich mit anderen auf eine tiefe und aufrichtige Weise zu verbinden. Vielleicht hat es in den frühen Jahren an emotionaler Nähe gefehlt, womöglich sind Misstrauen und Geheimniskrämerei zu einer schlechten Gewohnheit geworden. Ähnliches lässt sich möglicherweise vom Composit sagen.

Teilnehmer: Ich denke, es beschreibt die umfangreichen materiellen Erbschaften der Familie. Wie Sie bereits sagten, kann Reichtum dazu führen, dass vieles im Verborgenen bleibt. Man kann Einkaufsbummel unternehmen, um bessere Laune zu bekommen. Man muss sich nicht mit den wirklichen Themen auseinander setzen wie Menschen, die in einer Einzimmerwohnung leben und sich ihr Essen selbst kochen.

Die Bedeutung des Composit-Mars

Teilnehmer: Es hat für mich den Anschein, dass eine Verbindung zur Mars-Neptun-Konjunktion im 1. Haus besteht. Ich denke, dass dies auch mit sexuellen Themen zusammenhängt.

Liz: Diese Mars-Neptun-Verbindung ist ein subtiler und komplexer Aspekt. Ich denke, wir alle sind uns über den Glanz und die äußerliche Schönheit im Klaren, die durch den Waage-

Aszendenten zum Ausdruck kommen. Und Mars-Neptun hat den Ruf zu bezaubern und zu verführen. Es handelt sich um eine Stellung, die wir bei einem Filmstar vermuten würden. Sie stellt eine Aussage über die Energie der Beziehung dar – sowie deren Verschwendung in Träumen und Fantasien. Mars ist in der Waage sehr zivilisiert, insofern bringt die Beziehung ihre Energie auf eine anmutige und gesittete Weise zum Ausdruck. Die natürliche Energie und Bestimmtheit von Mars manifestiert sich nur eingeschränkt. In dieser Hinsicht kann die Verbindung nicht für sich selbst aktiv werden – sie kann nur dann eine Wirkung hinterlassen, wenn sie einem kollektiven Bedürfnis oder einem kollektiven Zweck dient. Wir sind damit abermals beim Thema Opfer und Dienst für das Kollektiv.

Teilnehmer: Könnte dies auch die Seitensprünge anzeigen, die es in der Beziehung gab? Wäre das eine mögliche Interpretation dazu?

Liz: Würden Sie das über eine Person mit dieser Stellung sagen?

Teilnehmer: Nein.

Liz: Wie ist die allgemeine Meinung?

Teilnehmer: Es gibt einen Konflikt zwischen Handeln und Passivität. Ein Mensch mit Mars-Neptun am Aszendenten würde versuchen zu agieren und bestimmt aufzutreten, dann aber wahrscheinlich nichts tun, weil er mit seinen Handlungen kein Missfallen hervorrufen will.

Liz: Composite beschreiben nicht, was zwei Menschen tatsächlich tun. Diese Mars-Neptun-Verbindung besagt nicht: »Charles und Diana werden einander betrügen.« Mars steht allerdings in der Waage und damit im Exil. Das ist sowohl im Geburtshoroskop als auch im Composit ein wichtiger Faktor. Mars im Exil verliert seine scharfen Kanten; er bedeutet moralische Beschränkungen und die Angst, anderen zu missfallen (Waage) oder Maßlosigkeit oder die Weigerung, sich zu ändern (Stier). Mars im Stier oder in der Waage verleiht viele sinnliche und ästhetische Qualitäten, verliert aber teilweise sein Kampfvermögen. Der Waage-Mars strebt nach Harmonie mit anderen gemäß dem Postulat moralischer Rahmenbedingungen. Und der Waage-Neptun steht für einen romantischen Idealisten, der dem kollektiven Traum der perfekten Liebe in einer perfekten, schönen Welt verhaftet ist. Diese Interpretation trifft sowohl auf das Composit als auch die Menschen zu, die zu der Generation mit Neptun in der Waage gehören.

Die Beziehung hat eine Ausdrucksform, die anmutig, vernünftig und zivilisiert ist und sich in Harmonie mit den Fantasien und Träumen der anderen befindet. Darin liegt die »Persönlichkeit« der Verbindung. Es würde Charles und Diana schwer fallen, emotional spontan aufeinander zu reagieren – weil es etwas in der Beziehung gibt, das ein äußerliches Bild der Liebenswürdigkeit braucht. Geschmackvolle Kleidung und Make-up sind selbstverständlich für sie. Es überrascht nicht, dass wichtige emotionale Themen so lange unterdrückt wurden oder dass sich Wutausbrüche hinter den Kulissen abspielten. Es ist sehr schwierig für ein Paar mit einem derartigen Composit-Aszendenten und 1. Haus, sich in der Öffentlichkeit anders als wohlerzogen und kultiviert zu zeigen. Man kann hier auch der königlichen Familie keinen Vorwurf machen, wenngleich viele das tun, einschließlich Diana selbst. Es ist im Composit angelegt.

Teilnehmer: Ich hätte ein gewisses Maß an Theatralik erwartet. Die beiden haben zwar nicht die Freiheit, sich wie Schauspieler auf der Bühne zum Ausdruck zu bringen, aber Mars-Neptun am Aszendenten ist sehr theatralisch.

Liz: Und Sie sind nicht der Ansicht, dass die beiden etwas aufführen? Ich finde, sie sind die ganze Zeit über Schauspieler, sowohl in komischen als auch in tragischen Rollen. Und schauen Sie doch, welche Art von Freunden sie anziehen: Leute aus dem Showgeschäft und Fans. Das Umfeld der Beziehung reicht von einer Walt-Disney-Komödie bis hin zur Äschylus-Tragödie.

Teilnehmer: Mars-Neptun steht auch im Quadrat zu Uranus.

Liz: Ja, und das Quadrat ist exakt. Zwischen der anarchischen gesellschaftlichen »Rolle« von Uranus und dem romantischen Bild des »perfekten Paars«, wie es mit Mars-Neptun am Waage-Aszendenten verbunden ist, besteht ein großer Konflikt. Das Uranus-Neptun-Quadrat zwischen Krebs und Waage ist natürlich für eine ganze Generation kennzeichnend. Es ergab sich während der Fünfziger Jahre und spiegelt den innerlichen Konflikt vieler Menschen wider, die zwischen romantischem Idealismus und revolutionären Ansichten über die Familie hin und her schwankten. Aufgrund ihres Altersunterschiedes ergibt sich dieses Quadrat im Composit von Charles und Diana, obwohl beide es nicht im Geburtshoroskop haben. Das 1. Haus des Composits kann auch Hinweise liefern, warum die Beziehung solche Schwierigkeiten mit der Presse hat, die fortwährend in ihr Privatleben eindringt, weil es immer wieder »undichte Stellen« gibt. Dieser Gegensatz zwischen ihnen wird in indirekter Form dargestellt.

Teilnehmer: Sie müssen immer wieder aufs Neue Ausweichmanöver starten.

Teilnehmer: Oder ihre ausweichende Art hat zu den Geschehnissen geführt.

Teilnehmer: Sie sagten, dass dies in der Beziehung begründet ist.

Liz: Ja, das habe ich gesagt. Der Ärger mit der Presse ist nicht im Composit begründet, dieses zeigt vielmehr an, dass die Beziehung etwas hat, das Aufrichtigkeit schwierig macht. Charles und Diana haben Feuerzeichen am Aszendenten, und der Löwe wie der Schütze auch zeichnen sich nicht gerade durch ausweichendes Verhalten aus. Es liegt in der Natur von Feuerzeichen, gerade heraus und offen zu sein. Wenngleich die persönlichen Hintergründe diese Offenheit zu einem großen Maß einschränken, bringen beide sich doch als Individuen von ihrem Temperament her so zum Ausdruck, wie sie sind. Es kommt aber noch etwas anderes dazu, das auf das Energiefeld der Beziehung einwirkt und das Paar beeinflusst, wann immer es zusammen ist.

Es handelt sich dabei um das, was ich heute Morgen zu erklären versuchte. Wir verhalten uns in der Beziehung auf eine bestimmte Art, die ganz anders sein kann als die in einer anderen Verbindung und die sich vielleicht auch deutlich von unserem Selbstbild unterscheidet. Ich will hier nicht darauf hinaus, dass ein Composit mit Mars-Neptun am Waage-Aszendenten »schlecht« wäre. Diese Composit-Stellung weist im Gegenteil viele schöne Züge auf. Wenn es allerdings Probleme zwischen den beiden Personen gibt, kann ein solcher Aspekt eine aufrichtige Auseinandersetzung erschweren. Das Ausweichen könnte dann zu einer Gewohnheit werden.

Es ist gleichermaßen interessant zu beobachten, was andere über das Paar schreiben – was ebenfalls im 1. Haus zum Ausdruck kommt. Die Außenwelt scheint lediglich von dieser einen Sache besessen zu sein. Sie will nichts über Charles philosophische Ansichten wissen, sie will nur etwas über seine Geliebte erfahren. Es geht ihr nicht um Dianas Meinung zur Gesellschaft, es geht darum, ob sie einen Geliebten hat oder nicht. Wir sehen hier eine ausufernde Betonung der sexuellen und emotionalen Seite der Beziehung, die losgelöst vom Umfeld betrachtet wird. Es ist nicht neu, dass Mitglieder des Königshauses Affären haben; es ist im Gegenteil schwierig, jemanden zu finden, für den das nicht gilt. Öffentlichkeit und Presse aber sind fortwährend auf der Jagd nach erotischen Neuigkeiten über Charles und Diana. Es gibt hier eine Art von Lüsternheit, von Schnüffelei und Spannertum, die jeden Journalisten zu befallen scheint, der den beiden auf fünfzig Meter nahe kommt. Es hat immer ein Klima des Mysteriösen und Misstrauens um dieses Paar geherrscht, das meiner Meinung nach mit Mars-Neptun am Aszendenten zusammenhängt. Niemand glaubt das, was präsentiert oder verkündet wird, und das trifft auch auf das Paar selbst zu. Wir alle reagieren auf diese Mars-Neptun-Konjunktion am Waage-Aszendenten und registrieren dann manchmal nichts anderes mehr an der Beziehung oder den beiden einzelnen Individuen.

Teilnehmer: Die Macht dieser Verbindung liegt in den Händen des Kollektivs. So würde ich Mars-Neptun verstehen.

Teilnehmer: Handelt es sich hier um die dunkle Seite des »Und der Prinz und die Prinzessin lebten glücklich und zufrieden«-Archetypen, die wir auf sie projizieren wollten?

Liz: Das ist eine Dimension davon. Der Composit-Aszendent beschreibt die »Persönlichkeit« der Beziehung sowie ihren Einfluss auf die Umgebung. Kein Fotograf versteckt sich im Gebüsch, um die Königin von Spanien mit ihrem Diener im Bett zu erwischen. Diese Beziehung aber hat etwas, das zu solchen lächerlichen Auswüchsen führt. Ich sage nicht, dass die Medien keine Schuld hätten oder dass sie der einzige Grund wären. Es ist aber so, dass dieses Composit eine gewisse Ambivalenz in sich birgt, die mehrdeutige Reaktionen der Umgebung hervorruft. Damit liegt es an Charles und Diana selbst, bewusst an dieses Problem heranzugehen. Leider aber scheint hier ein großes Maß an Unbewusstheit angezeigt zu sein, sodass es häufiger zu einem unschönen Ausdruck der Verbindung von Mars, Neptun und Aszendent kommt.

Saturnische Beschränkungen

Teilnehmer: Nehmen wir einmal an, es wäre das Horoskop einer Einzelperson. Könnte dann nicht der Saturn im 2. Haus im Laufe der Zeit sehr viel positiver zum Ausdruck gebracht werden?

Liz: Wenn ein Mensch einen Skorpion-Saturn im 2. Haus hat, kann er oder sie sich mit dem Thema emotionale oder sexuelle Blockaden auseinander setzen. Daraus kann mit der Zeit eine ungeheure innere Stärke erwachsen, wenn die emotionale und materielle Unabhängigkeit und Aufrichtigkeit zu mehr Selbstvertrauen geführt haben. Es kann mit dieser Stellung immer eine bestimmte Beschränkung einhergehen, die aber nicht notwendigerweise schlecht ist. Innenschau und eine gewachsene

Selbstachtung können viele der emotionalen Beschränkungen auflockern. Leider aber scheint diese Beziehung eher der klassischen Auslegung der saturnischen Beschränkungen zu entsprechen.

Teilnehmer: Sagen Sie das, weil es sich um ein Composit-Horoskop handelt?

Liz: Zumindest teilweise. Dies ist bestimmt kein »schlechter« Saturn, und er weist günstige Aspekte auf. Die Beziehung aber ist nicht zu der tiefen Selbstanalyse imstande, die häufig Not tut, will man sich über die skorpionischen Leidenschaften klar werden. Das kann nur der einzelne Mensch. Und sehr viel hängt davon ab, wie die beiden Partner mit den Composit-Stellungen zurechtkommen. Ein Composit mit einem Skorpion-Saturn im 2. Haus wird vielleicht immer unter gewissen emotionalen und sexuellen Beschränkungen zu leiden haben. Das ist nicht schlimmer als Beschränkungen auf jedem anderen Lebensgebiet auch. Beschränkungen sind nicht notwendigerweise negativ; sie erzeugen einen Druck, der beim positiven Umgang damit zu deutlichen qualitativen Verbesserungen führen kann, allerdings bei beschränkter Quantität. Wenn man den Rosenstock zurückschneidet, kompensiert er die Beeinträchtigung seines natürlichen Wachstums dadurch, dass er größere und schönere Blüten ausbildet. Das 2. Haus und der Skorpion beschreiben den Bereich, in dem diese bestimmte Beziehung die Beschneidung durch Saturn erlebt. Diese Stellung besagt nicht: »Sex ist etwas Schreckliches« oder: »Ihr werdet niemals Gefühle der Nähe füreinander empfinden.« Zu wahrer Nähe aber wird es nur zeitweilig kommen und nur durch Bemühung; allerdings könnte es lohnend sein, darauf zu warten. Einige Menschen können das akzeptieren, weil sie wissen, dass man nicht alles haben kann und dass es viele Kompensationsmöglichkeiten gibt. Andere können oder wollen sich mit derartigen Einschränkungen nicht abfinden.

Composit-Planeten in Beziehung zum Radix-Horoskop

Wir wollen uns nun mit dem Zusammenhang zwischen dem Composit und den beiden Radix-Horoskopen befassen. Wie zu erwarten war, gibt es eine Reihe von markanten Kontakten. Vielleicht am auffälligsten ist die Composit-Venus, die genau in Konjunktion zu Charles Aszendenten steht. Zunächst aber sollten wir auf die Aspekte vom Composit-Saturn blicken. Jemand von Ihnen hatte bereits darauf hingewiesen, dass Charles Saturn in der Jungfrau steht. Der Orbis ist zu weit, als dass man von einer Konjunktion zur Composit-Sonne sprechen könnte. Allerdings befindet sich Charles Sonne auf 22° im Skorpion – insofern ist von ihr aus noch der Orbis für die Konjunktion zum Composit-Saturn gegeben. Das legt nahe, dass Charles die Beziehung als eine Belastung und eine Pflicht empfindet. Die Beziehung grenzt ihn ein. Ihre emotionalen und sexuellen Beschränkungen, wie sie durch den Composit-Saturn zum Ausdruck kommen (für den weder er noch Diana etwas kann), machen es ihm schwer, sich als ein wahrer, intensiver, leidenschaftlicher Skorpion zu präsentieren. Er wird viele Frustrationen spüren, wenn er sich innerhalb der Grenzen der Beziehung so zeigen will, wie er wirklich ist.

Dieser schwierige Aspekt hat aber auch eine positive Seite. Ohne Zweifel haben frustrierende Erlebnisse dazu geführt, dass Charles Selbstdisziplin entwickelt hat. Ohne diese Beschränkungen würde er sich seiner selbst nicht so bewusst geworden sein. Die Beziehung macht ihn introvertierter und beraubt ihn seines Selbstvertrauens. Zugleich aber wird er durch sie zielgerichteter; sie formt ihn und bringt ihn dazu, er selbst zu werden. Er wiederum bringt dem Composit-Saturn Licht, weil seine Sonne ihn energetisiert. Dies geschah bislang auf eine ziemlich problematische Weise – nichtsdestotrotz hat er die verborgenen Schwierigkeiten, die mit diesem Composit-Saturn einhergehen, durch sein Verhalten offen gelegt. Im

Hinblick auf das Motiv der Beziehung hat dies vielleicht geholfen, den ultimativen, vom 11./12. Haus angezeigten Zweck der Verbindung zu erfüllen – dadurch, dass er dem Kollektiv die verborgenen Dimensionen der menschlichen Beziehungen bewusster macht.

Sein Jungfrau-Saturn im Trigon zum Radix-Mond erlaubt es ihm, Beziehungen zu verstehen, die auf Verantwortung und Pflichten beruhen – insofern befindet er sich zumindest zum Teil in Harmonie mit dem Zweck der Beziehung, wie sie durch den Composit-Saturn im Sextil zur Composit-Sonne in der Jungfrau zum Ausdruck kommt. Der Composit-Saturn steht überdies im exakten Quadrat zu seinem Radix-Pluto auf 16° im Löwen. Damit löst der er Charles Radix-Quadrat zwischen Sonne und Pluto aus. Charles leidet also in der Beziehung wahrscheinlich nicht nur unter dem Mangel an wahrer emotionaler Nähe, sondern nimmt dies als Machtkampf wahr, der seine Überlebensinstinkte mobilisiert.

Der Composit-Saturn weist auch bezüglich Dianas Horoskop eine problematische Seite auf, problematischer noch als bei Charles. Zunächst einmal ist von ihrer Venus auf 24° im Stier eine Opposition zum Composit-Saturn gegeben, mit einem Orbis von acht Grad. Auch wenn der Aspekt nicht exakt ist, hat dies ihr offensichtlich große Schmerzen bereitet. Die emotionalen und sexuellen Grenzen der Beziehung beeinträchtigen sie im Gefühl ihrer Weiblichkeit und lösen ihr T-Quadrat zwischen dem Mond auf 25° im Wassermann sowie der Stier-Venus und Uranus auf 23° im Löwen aus. Diese Auslösung ihres T-Quadrats war unvermeidlich – unabhängig davon, ob Charles ihr treu war oder nicht. Wenngleich Saturn im Composit gut gestellt ist, hat er auf Dianas Horoskop den Effekt, dass er eine schmerzhafte Konstellation aktiviert und sie mit ihren eigenen inneren Schwierigkeiten konfrontiert.

Teilnehmer: Charles hat Mars-Jupiter im 5. Haus im Schützen, in Opposition zu Uranus am Ende des Zwillings.

Liz: Und?

Teilnehmer: Diese Planeten stehen im Quadrat zum Composit-Mond.

Liz: Fahren Sie fort. Was sagt Ihnen das?

Teilnehmer: Könnte das nicht bedeuten, dass seine unabhängige, abenteuerlustige Seite Probleme mit dem sanften, fischehaften Ton der Beziehung hat? Steht er dem emotionalen Faktor der Beziehung ablehnend gegenüber?

Liz: Ich glaube schon. Wenn dieses Paar zusammen ist, kommt eine emotionale Qualität zum Ausdruck, die sanft, anhänglich, empfänglich und romantisch geprägt ist. Charles hat seine Schwierigkeiten damit, weil – wie Sie sagten – er in seinem Wesen einen sehr starken Zug der Unabhängigkeit hat und sehr eigenwillig ist. Das Uranus-Quadrat zum Composit-Mond lässt darauf schließen, dass er sich der emotionalen Seite der Beziehung einfach verschließt. Vielleicht lässt sie sogar Gefühle des Zorn in ihm aufsteigen. Etwas daran irritiert ihn, und möglicherweise führt das zu unsensiblen Reaktionen, die in anderen Beziehungen nicht wahrzunehmen sind.

Composit-Fallspiele: Die Verteilung der Rollen

Damit erhebt sich ein anderer wichtiger Punkt bei Composit-Horoskopen: Die beiden Partner teilen häufig die Konfliktthemen des Composits unter sich auf. Anders gesagt: Dort, wo es Gegensätze gibt – und in jedem Horoskop, ob nun von einem Paar oder von einer einzelnen Person, sind sie vorhanden –, wird sich der eine Partner mit der einen Seite davon und der andere mit der anderen identifizieren. Dieses Composit weist einige Faktoren auf, die für Härte, Stärke, Kälte und Beschränkung sprechen, zum Beispiel die Jungfrau-Sonne im Sextil zum Skorpion-Saturn oder der Steinbock-Chiron im Trigon zur Sonne. Es weist darüber hinaus eine sehr sanfte, empfängliche, romantische Ader auf: Mars-Neptun in der Waage und einen Fische-Mond im Quinkunx zu Neptun. Charles scheint es auf sich genommen zu haben, die härteren Seiten zum Ausdruck zu bringen, Diana zeigt die sanfteren. Das muss nicht unbedingt auch auf sie als Individuen zutreffen. Was wir an Beziehungen wahrnehmen, sind häufig nicht die einzelnen Persönlichkeiten, sondern die verschiedenen Dimensionen des Composits.

Bei der Frage, wer was zum Ausdruck bringt, hilft uns der gerade von Ihnen erwähnte Aspekt weiter: der Composit-Mond in den Fischen im Quadrat zu Charles Mars-Jupiter-Uranus-Konfiguration. Charles ist von seinem Temperament her nicht in der Lage, sich mit dem Composit-Mond zu identifizieren. Er fühlt sich wahrscheinlich zurückgewiesen, wenngleich seine Sonne in einem Wasser-Zeichen steht und er eine Venus-Neptun-Konjunktion hat. Er bringt etwas zum Ausdruck, das sehr viel härter und gefühlloser ist, als es seinem Wesen entspricht. Diana wiederum steht mit ihrem Großen Trigon im Element Wasser mit dem Composit-Mond in Verbindung, besonders auch deshalb, weil sie im Horoskop ein Trigon zwischen Sonne und Neptun hat. Wenngleich ihr Wassermann-Mond in Opposition zu Uranus, ihre Konjunktion zwischen Pluto, Mars und Uranus sowie ihr Schütze-Aszendent wie Charles Horoskop in seiner Gesamtheit für einen ausgesprochenen Drang nach Unabhängigkeit sprechen, scheint sie die neptunische Seite der Beziehung zu manifestieren. Wenn sie mit ihm zusammen ist, macht sie einen sehr viel neptunischeren Eindruck, als es der Wirklichkeit entspricht. So fühlt sie sich auch in der Beziehung.

Teilnehmer: Also muss er die Rolle vom Composit-Saturn im Skorpion im Sextil zur Jungfrau-Sonne übernehmen, und ihre Aufgabe ist der Composit-Mond in den Fischen im Quinkunx zu Neptun.

Liz: So ist es tatsächlich. Beziehungen können in uns Seiten betonen, die ansonsten auf eine ausgewogenere oder weniger auffällige Weise zum Ausdruck kommen würden. Wir leben im Rahmen des Composits, solange die betreffende Beziehung dauert, und so werden wir in ihr von den Facetten angesprochen, die unserem Wesen am meisten entsprechen und die wir am einfachsten ausleben können.

Der Composit-Merkur

Lassen Sie uns jetzt auf einen anderen wichtigen Kontakt zwischen Composit und den beiden Radix-Horoskopen blicken. Wir können nicht alle Verbindungen untersuchen, diese aber fällt deutlich ins Auge. Der Composit-Merkur befindet sich auf 5° Jungfrau. Diana hat den Mars auf 2° und Pluto auf 6° in diesem Zeichen. Damit steht der Composit-Merkur genau auf dieser Konjunktion in Dianas Horoskop im 8. Haus und in Opposition zu ihrem Chiron auf 6° in den Fischen. Charles wiederum hat seinen Saturn auf 5° Jungfrau – womit der Composit-Merkur exakt auf ihm steht. Der Composit-Merkur löst also nicht nur die beiden individuellen Horoskope aus, sondern weist auch auf eine komplexe Beziehung dazwischen: sein Saturn aktiviert ihre Mars-Pluto-Chiron-Konstellation. Ganz offensichtlich ist dies ein explosiver Punkt – wie auch der Composit-Saturn ein explosiver Punkt ist, weil er auf Charles Sonne und Dianas Radix-T-Quadrat fällt und die Spannungsaspekte zwischen beiden Horoskopen auslöst. Was sagen Sie dazu?

Teilnehmer: Der Composit-Merkur steht im 11. Haus. Er hat irgendwie mit der Art zu tun, wie die beiden mit der Öffentlichkeit kommunizieren.

Teilnehmer: Ich denke, der Jungfrau-Merkur im 11. Haus bedeutet, dass die Beziehung auf Austausch mit der Öffentlichkeit angewiesen ist. Sie müssen rausgehen und mit den Leuten reden. Sie können sich nicht in einem Schloss oder hinter dem Mysterium des Königshauses verstecken.

Liz: Gut. Das Paar muss seine Werte und seinen Daseinszweck einem Publikum verdeutlichen, das so groß ist wie nur möglich. Die Beziehung ist eine öffentliche, sie hat die Aufgabe, dem Kollektiv ihre Ideen zu vermitteln. Die Frage dabei ist: Was kommuniziert sie? Jetzt kommt der explosive Punkt zum Tragen: Der Composit-Merkur erhält seine Informationen von Charles Saturn und Dianas Konstellation zwischen Mars, Pluto und Chiron. Er wird durch beide gefüttert und übermittelt im

Gegenzug ihre Botschaften an die Öffentlichkeit. Und er empfängt wiederum Botschaften vom Kollektiv und übermittelt sie den beiden, was in ihnen saturnische beziehungsweise marsisch-plutonische Gefühle auslöst.

Teilnehmer: Dann fühlt er sich von der Allgemeinheit abgelehnt und sie sich verfolgt und verletzt.

Liz: So ist es.

Teilnehmer: Das muss einer der Gründe sein, warum sich die Zeitungen immer so ausgiebig mit dieser Beziehung beschäftigt haben. Es hat alles etwas Zwangsläufiges. Man gibt entweder der Presse die Schuld oder Charles und Diana, weil sie etwas an die Presse haben durchsickern lassen. Sie sagen nun aber, dass dieser Composit-Merkur in gewisser Weise ein Blitzableiter ist. Er übermittelt Botschaften und nimmt welche entgegen. Die Beziehung ist eine Art Kommunikator.

Teilnehmer: Die Beziehung hat Diana auch einen Kommunikationskanal eröffnet. Sie hat gelernt, eine öffentliche Sprecherin zu Jungfrau-Themen zu sein: Gesundheit und Dienstbereitschaft. Das ist die positive Seite.

Liz: Sie sind jetzt auf dem richtigen Weg. Wie bei allem in der Astrologie hat die Verbindung vom Composit-Merkur zu den beiden Radix-Horoskopen positive wie negative Facetten. Man könnte sagen, der Composit-Merkur ist ein Sprachrohr für beide, er erlaubt ihnen, sich direkt an die Öffentlichkeit zu wenden und die öffentliche Meinung auf eine Art und Weise zu beeinflussen, die anderen königlichen Paaren nicht möglich ist. Man könnte weiterhin formulieren, dass der fortwährende Austausch mit der Öffentlichkeit, die dieses Paar besser kennt als je ein Königspaar zuvor, auf Charles Selbstvertrauen einen untergrabenden Einfluss hat (Saturn in der Jungfrau im 2. Haus) und in Diana viel Angst, Wut und Schmerz aufsteigen lässt (Mars-Pluto in der Jungfrau im 8. Haus in Opposition zu Chiron im 2. Haus).

Merkur im Radix-Horoskop hat sehr viele Ebenen. Eine seiner grundsätzlichsten Bedeutungen ist, dass er zum Ausdruck bringt, worüber man sich Gedanken macht. Hat man Merkur im 2. Haus, denkt man viel über Geld und Sicherheit nach. Steht er im 10. Haus, macht man sich Gedanken über seine Arbeit und seine Stellung in der Welt. Im 1. Haus denkt man über sich selbst und den Eindruck nach, den man anderen vermittelt. Merkur zeigt, worauf unsere Wahrnehmung gerichtet ist. Beziehungen als eigenständige Wesenheit denken nicht im menschlichen Sinn, auch nicht, wenn sie verletzt werden. Nichtsdestotrotz aber ist mit dem Composit-Merkur im 11. Haus ein besonderes Interesse am Kollektiven, an den Menschen »da draußen« gegeben. Was die anderen denken, ist für die Entwicklung dieser Beziehung von äußerster Wichtigkeit. Ähnlich verhält es sich mit dem öffentlichen Wohlergehen sowie dem Drang, allgemein erzieherisch zu wirken. Auch die Rolle der Freunde ist damit extrem bedeutungsvoll; Freunde haben einen großen Einfluss auf diese Verbindung. Das meiste, was wir über das persönliche Leben der beiden hören, wurde uns durch Freunde übermittelt. Der Composit-Merkur bringt all das zum Ausdruck.

Verborgene und schwierige Themen aus Dianas Radix-Horoskop sind ebenfalls durch diesen Composit-Merkur angesprochen. Diana hat einige ihrer persönlichen Probleme, zum Beispiel die Magersucht, öffentlich gemacht. Wie Sie bereits sagten, wurde sie zum Sprachrohr für Aids-Kranke und für die Gefahren durch Tretminen – was wir beides als Entsprechungen ihrer Mars-Pluto-Konjunktion im 8. Haus in Opposition zu Chiron sehen können. Das ist nicht unbedingt das, was man von Diana erwartet hatte. Ursprünglich schien sie lediglich ein nettes Mädchen zu sein, das Kinder liebt. Sie hat sich aber in der Öffentlichkeit zu Themen des 8. Hauses bekannt und gleichermaßen Geheimnisse dieses Hauses enthüllt. Das spiegelt die Blitzableiter-Funktion – wie Sie es ausgedrückt haben – des Composit-Merkur im 11. Haus auf ihrer Konjunktion im 8. Haus wider. Sie war weiterhin gezwungen, sich über ihre eigenen Probleme Gedanken zu machen. Die Beziehung hatte nicht nur zur Folge, dass sie sich mit ihren psychologischen Schwierigkeiten auseinander setzte, sondern brachte sie auch dazu, in aller Öffentlichkeit darüber zu sprechen.

Teilnehmer: Da der Composit-Merkur ihr 8. Radix-Haus auslöst, könnte er auch sexuelle Themen in den Brennpunkt rücken.

Liz: Auch das. Durch den Composit-Merkur zwingt die Beziehung sie, sich mit den Themen zu befassen, die bei ihr mit Mars-Pluto-Chiron zusammenhängen. Sie kann ihnen nicht aus dem Weg gehen. Sie hat Charles in der Öffentlichkeit vorgeworfen, für ihre Magersucht verantwortlich zu sein. Vielleicht hätte man aber auch sagen können, dass die Beziehung das Problem öffentlich gemacht hat. Es war bereits vorhanden, bevor sie Charles traf; erst mit ihrer Heirat aber nahm es dramatische Züge an. Sein Saturn fällt auf ihre Mars-Pluto-Verbindung – insofern hat ihr Gefühl, abgelehnt zu werden, zweifellos die innerlichen Zwänge ausgelöst. Die Beziehung aber hat sie ebenfalls dazu gebracht, darüber nachzudenken und zu reden. Sie scheint nun an dem Punkt angelangt zu sein, wo viele dieser inneren Dämonen geheilt werden können. Die öffentlichen »Bekenntnisse« der Beziehung – der Composit-Merkur im 11. Haus – haben diesen Prozess erleichtert.

Wir sind noch nicht auf die Composit-Venus auf Charles Aszendent zu sprechen gekommen, auch nicht auf den Composit-Aszendenten auf seiner Venus-Neptun-Konjunktion. Diese Kontakte legen nahe, dass es nicht Diana selbst war (zu der wenig Kontakte von seiner Venus aus bestehen), sondern die magnetische Anziehungskraft der Beziehung, die zu seiner Entscheidung führte, sie zur Frau zu nehmen. Und wir haben nicht das MC und den aufsteigenden Mondknoten des Composits erwähnt, die in Konjunktion zu Dianas Krebs-Sonne stehen. All dies sind sehr machtvolle Verbindungen und nichts Ungewöhnliches, wenn man Composite mit individuellen Radix-Horoskopen vergleicht.

Ich bin der Ansicht, dass aus dem Studium der Composite

unermesslich wertvolle Einsichten hervorgehen können – nicht nur, was das Composit selbst betrifft, sondern auch bezüglich der Wirkung auf die Betroffenen. Wir haben vieles aus diesem Horoskop unerwähnt gelassen; ich merke aber, wie die Zeit vergeht. Ich denke, wir sollten uns nun mit den Progressionen für die Zeit der Hochzeit befassen.

Das progressive Composit

Charles heiratete Diana am 29. Juli 1981. Die progressive Composit-Sonne für die Zeit der Hochzeit befand sich auf 12° 11' in der Waage; sie stand auf ein Viertel Grad genau auf dem Composit-Aszendenten. Muss ich das näher erläutern? Es ist so augenfällig, dass es geradezu furchterregend ist. Die progressive Composit-Sonne, die gerade den Composit-Aszendenten erreichte, bringt zum Ausdruck, dass diese Beziehung jetzt für die Öffentlichkeit zur Welt kommt. Sie hat sich jetzt in der äußerlichen Realität manifestiert.

Zudem befand sich die progressive Composit-Sonne mit einem Orbis von weniger als einem Grad auf Charles IC auf 13° Waage – insofern schuf Charles zugleich ein Zuhause und sicherte das Fortbestehen seiner familiären Linie. Anders ausgedrückt: Die progressive Composit-Sonne aktivierte sein IC. »Es ist Zeit, eine Familie zu gründen«, sagte er zu sich. Die Beziehung selbst bestärkte ihn in diesem Gefühl. Es war nicht nur der öffentliche und familiäre Druck, der bereits seit Jahren auf ihm lastete. Es war *diese* Beziehung, die in *diesem* Augenblick zu *dieser* Entscheidung führte.

Teilnehmer: Was hat es mit der Sonne im 4. Haus in einem Composit auf sich? Haben die Partner das Bedürfnis, sich zu verwurzeln?

Liz: Mit der Composit-Sonne im 4. Haus liegt der Zweck der Beziehung womöglich darin, ein Zuhause und Wurzeln zu erschaffen. Befindet sich die Composit-Sonne in diesem Haus,

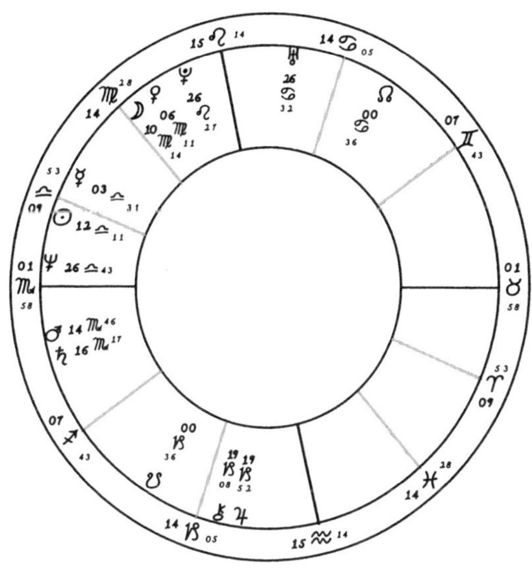

Abbildung 7:
Progressives Composit, berechnet für den 29. 7. 1981

haben die Partner meist den Wunsch, zusammen ein Heim zu gründen. Die Beziehung selbst gibt ihnen diesen Wunsch ein, auch dann, wenn beide zwanzig Jahre lang ziellos herumgezogen sind. Sie gehen eine Beziehung ein, in der es eine Composit-Sonne im 4. Haus gibt – und plötzlich fangen sie an, über Hypotheken nachzudenken. Natürlich bezieht sich das 4. Haus nicht ausschließlich auf das Zuhause und die Familie, sondern auch auf das psychologische Erbe sowie die Suche nach der inneren Quelle. Die Composit-Sonne in diesem Haus kann einen oder beide Partner dazu bringen, nach innen zu schauen und eine innere Reise von psychologischer und/oder spiritueller Art zu beginnen. In unserem Fall scheint die progressive Composit-Sonne in Charles Horoskop eine 4.-Haus-Antwort hervorgerufen zu haben. Das stellt ein markantes Beispiel für einen progressiven Composit-Planeten dar, der sowohl das Composit-

Horoskop selbst als auch das Geburtshoroskop eines Partners aspektiert.

Blicken Sie jetzt auf den progressiven Composit-Mars. Zur Zeit der Hochzeit stand er auf 14° Skorpion, nicht ganz in Konjunktion zum Composit-Saturn, aber doch fast. Sie sehen, dass der progressive Composit-Saturn und der Composit-Saturn fast identisch sind. Das liegt darin, dass Saturn bald nach Charles Geburt rückläufig wurde; als Diana zur Welt kam, war er bereits rückläufig. Wegen der geringen Fortbewegung der individuellen Saturn-Position ergibt sich auch in der Progression kaum eine Veränderung, womit der progressive Composit-Saturn fast noch an der gleichen Stelle zu finden ist. Der progressive Composit-Mars aber bewegte sich in seinem üblichen Tempo und hatte bei der Hochzeit zum langsamen Composit-Saturn aufgeschlossen. Für die Beziehung scheint die Zeit zwei oder drei Jahre nach der Heirat ziemlich nervenaufreibend gewesen zu sein. Damals brach Dianas Magersucht aus; all der Ärger, das Misstrauen, die Eifersucht und die Frustrationen des Paares haben ihre Wurzeln in dieser Zeit.

Das ist eine traurige Sache. Diese Konjunktion vom progressiven Composit-Mars zum Composit-Saturn aber legt nahe, dass die emotionale und sexuelle Entfremdung sowie die tiefe, unversöhnliche Wut, die in der Beziehung so bald zum Ausdruck kam, etwas Unvermeidliches hatte. Bei diesen Aspekten finde ich es schwer, einem der beiden die Schuld für die Geschehnisse zu geben; es hat vielmehr etwas von der unerbittlichen Zwangsläufigkeit einer griechischen Tragödie. Das progressive Composit-MC hat auch den Punkt 16° Löwe erreicht, womit ein exaktes Quadrat zum Composit-Saturn und eine Konjunktion zu Charles Radix-Pluto im 1. Haus gegeben ist. Dieser Aspekt war nicht eben förderlich, weil er ohne Frage das Gefühl der Beschränkung in der Beziehung verstärkt und Charles instinktiven Überlebensdrang aktiviert hat. Diese beiden Menschen sind zu dem Zeitpunkt eine Ehe eingegangen, als sich dieser progressive Aspekt aufbaute. Darin liegt eine harte und schmerzhafte kosmische Botschaft: »Eine schöne Hochzeit, hübsche Kleider, viel Potenzial – ihr beiden werdet euch aber nur zu schnell der Grenzen der Verbindung bewusst werden. Vielleicht zu schnell, vielleicht reicht es nicht mehr dazu, ein Fundament zu legen, das die Enttäuschung überdauern könnte.«

Blicken Sie jetzt auf die progressive Composit-Venus. Der Ausdruck von Harmonie und Vergnügen in der Beziehung, wie er durch die Composit-Venus zum Ausdruck kommt, ist von 5° Löwe auf 6° Jungfrau vorgerückt. Sie sehen, dass sie nicht nur über den Composit-Merkur auf 5° Jungfrau gelaufen ist, sondern vor der Eheschließung auch Charles Radix-Saturn überquert hat. Verlobt hatten sie sich unter dem Aspekt der progressiven Composit-Venus zum Composit-Merkur. Die progressive Composit-Venus stand zur Zeit der Hochzeit genau auf Dianas Radix-Pluto gegenüber ihrem Radix-Chiron. Damit hatte sie einen der explosiven Punkte erreicht. Wie die progressive Composit-Sonne auf dem Composit-Aszendenten auch ist dieser Aspekt geradezu furchterregend in seiner Präzision. Kommentare dazu?

Teilnehmer: Mir bleibt geradezu der Atem weg, wenn ich all das höre. Und ich empfinde Traurigkeit. Ich sehe, was die progressive Venus auf Merkur bedeuten könnte: Flirts, Romantik, die Verkündung der Verlobung. Vielleicht besagt die Konjunktion zu Charles Saturn etwas über sein formales Festhalten an der Ehe. Saturn hat ihn an Sicherheit und Stabilität denken lassen. Und gleichzeitig kommt es zu einer massiven Veränderung der Werte für sie beide, einem kompletten Wandel ihrer Wertestruktur.

Liz: In gewisser Weise hat die progressive Composit-Venus das »Karma« von Diana und Charles aktiviert. Sie hat alle möglichen Arten von tiefen, unbewussten Konflikten in beiden Partnern aufgerührt. Sie hat zu der gegenseitigen Anziehung geführt und die Beziehung in einem verheißungsvollen Licht erscheinen lassen, gleichermaßen aber die verborgenen Zwänge und Erbschaften der Vergangenheit aktiviert.

Die progressive Composit-Venus auf Charles Saturn wird in ihm nicht nur zu ausgeprägten Gefühlen der Unsicherheit, sondern auch zu der Entscheidung für die Heirat geführt haben. Es war ihm ein Bedürfnis, der Beziehung eine Form zu geben. Wenn unser Radix-Saturn aktiviert ist, mögen wir ängstlich reagieren oder auch nicht – wenn wir aber lieben, dann auf eine tyrannische Art. Zugleich übt das, was bedrohlich wirkt, eine unwiderstehliche Faszination aus. Saturn umfasst immer auch ein Moment des Neides, weil er zeigt, wo wir uns minderwertig oder unterlegen fühlen. Wenn eine Person dem Anschein nach das, was wir schmerzlich als persönlichen Mangel empfinden, frei zum Ausdruck bringt, fühlen wir uns häufig von ihr sehr stark angezogen – wir könnten aber auch wütend auf sie sein, weil sie uns unsere eigene Unzulänglichkeit klar macht. Wenn der Radix-Saturn ausgelöst wird, können sehr ambivalente Probleme auftreten. Und hier wird nicht nur Dianas Mars-Pluto-Konjunktion aus dem Radix ausgelöst, sondern auch die progressive Composit-Venus. Die Verheißung von Schönheit, Unschuld und Reinheit (Venus in der Jungfrau), wie sie die Beziehung bot, konfrontierte das Paar im Synastrie-Vergleich mit großen Problemen, wie für jeden ersichtlich sein dürfte.

Teilnehmer: Was bewirkte die progressive Composit-Venus auf ihrem Pluto und in Opposition zu ihrem Chiron?

Liz: Dies dürfte zu sehr unbehaglichen Gefühlen der Leidenschaft geführt haben. Wahrscheinlich hatte sie zu dieser Zeit den Eindruck, verwundet, festgelegt und nicht liebenswert zu sein. Wenn eine solche Radix-Opposition durch die progressive Composit-Venus ausgelöst wird, sind die verschiedensten Auswirkungen denkbar. Mit Pluto wäre die Heirat als eine absolute Zwangsläufigkeit gesehen worden, als ein leidenschaftlicher Drang. Mit Chiron wäre sie eine potenzielle Bedrohung gewesen; etwas, das alte Wunden aufreißt – und so war es dann ja auch in der Tat.

Teilnehmer: Als sie heirateten, stand der progressive Composit-Mond auf 10° in der Jungfrau. Wann kam er auf den Composit-Merkur und auf die progressive Composit-Venus, und wann lief er über ihre Mars-Pluto-Chiron-Verbindung und über seinen Saturn?

Liz: Der progressive Composit-Mond legt etwa ein Grad pro Monat zurück. Von 5° auf 6° Jungfrau bewegte er sich im Februar 1981.

Teilnehmer: Die Zeit ihrer Verlobung. Es war eine ziemlich schnelle Romanze. Sie begann möglicherweise, als der progressive Composit-Mond den Composit-Pluto auf 26° Löwe berührte. Die Zeit des Werbens begann im September 1980.

Teilnehmer: Allmählich wird es wirklich unheimlich.

Teilnehmer: Bleiben Sie ruhig, alle Welt sagt doch, dass Astrologie Blödsinn ist.

Liz: Der progressive Composit-Mond aktivierte während der ersten Phase des Werbens Dianas T-Quadrat in fixen Zeichen, Charles Sonne-Chiron-Verbindung und den Composit-Pluto. Er löste die wichtigsten Synastrie-Verbindungen zwischen den beiden Radix-Horoskopen aus, wie an einem Flipper-Automaten. Es ist tatsächlich etwas unheimlich, weil es sich hier lediglich um eine abstrakte Wesenheit handelt, die aus Halbsummen besteht. Wie abstrakt die Wesenheit Composit aber auch sein mag, Sie sehen, dass sie machtvolle Schläge austeilen kann.

Wir wollen jetzt diesen Teil des Seminars abschließen, indem wir uns kurz mit einigen wichtigen Transiten befassen. Uranus stand im Transit während der Hochzeit auf 26° Skorpion, im genauen Quadrat zum Composit-Pluto (und genau auf der Halbsumme von Charles Konjunktion zwischen Sonne und Chiron). Der Transit-Pluto befand sich auf 21° Waage und bewegte sich in dem einen oder den zwei Jahren nach der Eheschließung über die Mars-Neptun-Verbindung des Composits. Zur gleichen Zeit erreichte der progressive Composit-Mars den Composit-Saturn. Das unterstreicht, was ich bereits über die unvermeidlichen emotionalen und sexuellen Wirrnisse sagte, die so schnell in der Beziehung zum Ausdruck kamen. Saturn stand im Transit auf 5° in der Waage, und in den Monaten nach der Hochzeit lief er sowohl über die progressive Sonne und den Aszendenten des Composits als auch über Charles IC. Das scheint dazu geführt zu haben, dass sich die Beziehung in der Welt der Formen kristallisiert hat.

Wo liegt der Anfang?

Teilnehmer: Könnte man ein Composit für den Zeitpunkt berechnen, wann sich die beiden Partner treffen, in dem Sinn, dass dies die Geburt oder der Beginn der Beziehung wäre?

Liz: Wir können ein Horoskop berechnen für die Zeit des ersten Treffens. Wir können auch die individuellen progressiven Horoskope für diesen Augenblick ermitteln. Gleichermaßen können wir ein progressives Composit-Horoskop für diesen Augenblick berechnen, indem wir aus den beiden individuellen Progressions-Horoskopen die Halbsummen ermitteln. Einen *Anfang* für das Composit können wir aber nicht festlegen – weil es schon immer existiert hat.

Teilnehmer: Es würde logisch wirken, wenn man mit dem Beginn der Beziehung beginnen würde.

Liz: Wir können das Composit nicht mit diesem Moment anfangen lassen, weil es für das Composit keinen Anfang gibt. Es ist kein Geburtshoroskop. Es weist keine zeitliche Orientierung im Sinn von Anfang oder Ende auf. Es hat immer existiert, und es wird immer existieren. Selbst wenn es keine Geburt gäbe, wäre es doch möglich, ein Composit zwischen zwei beliebigen Augenblicken zu ermitteln – und diese Augenblicke könnten schließlich zu Geburtszeitpunkten werden. Ich weiß, dass es schwer ist, sich das klar zu machen. Composite aber stellen keine Skizze des Augenblicks der Geburt dar, und sie sind nicht in Raum und Zeit verankert. Sie beschreiben ein Beziehungsfeld zwischen zwei Faktoren, die in Raum und Zeit geboren wurden.

Composit-Horoskope führen zu einer neuen Sicht der Zeit.

Wir haben gesehen, dass es für gewöhnlich wichtige Transite oder Progressionen im Composit gibt, wenn eine Beziehung beginnt. Häufig aber hat der Transit oder der progressive Aspekt bereits seine Wirkung entfaltet, bevor sich das Paar wirklich trifft. Die äußeren Planeten laufen meist dreimal über einen Tierkreisgrad. Mir sind Fälle bekannt, in denen ein Planet bereits zweimal über die Composit-Sonne gelaufen war und sich das Paar traf, als es zum dritten Kontakt kam. Was war während der beiden ersten Kontakte los? Was die Präzision der Transite im Composit betrifft, würde mich das sehr interessieren. Ich glaube festgestellt zu haben, dass sich die Umstände, die schließlich zum Treffen führen, bei den ersten beiden Kontakten zu arrangieren beginnen – ohne dass aber die Beziehung bereits begonnen hätte.

Ein Beispiel dafür. Ein Mann bewirbt sich zu der Zeit in einer Firma für eine Stelle, als der Transit-Pluto die erste Konjunktion zur Composit-Sonne bildet. Er weiß es zwar nicht, aber die Frau, in die er sich verlieben wird, arbeitet ebenfalls für diese Firma. Beide haben einander noch nicht getroffen, der Grundstein aber ist gelegt und das Composit für die angehende Beziehung aktiviert worden. Beim zweiten Mal, wenn Pluto im Transit über die Composit-Sonne läuft, begegnen sich der Mann und die Frau kurz auf dem Firmenparkplatz und wechseln einige Worte. Wenn Pluto dann zum letzten Mal über die Composit-Sonne läuft, kommen die beiden emotional und sexuell in Kontakt. Das lässt mich wieder an die *Heimarmenê* denken, die Auffassung der Stoiker über die Kette von Ursache und Wirkung, die sich unsichtbar über die Welt und über die Ewigkeiten der Zeit erstreckt. Wenn man nicht zu dieser oder jener Zeit in London beim *Centre for Psychological Astrology* auf einem Seminar gewesen wäre, hätte man nicht denjenigen oder diejenige getroffen, der oder die einen dann mit der Person bekannt gemacht hat, die man am Ende heiratete. Wenn wir den Ursprung der Beziehung zurückverfolgen, merken wir, dass die Bühne für deren schließliches Hervorgehen durch die anfänglichen Phasen der Transite und Progressionen des Composits vorbereitet wurde.

Man kann ein Composit nicht »anfangen« lassen. Dies gilt nicht nur in technischer Hinsicht, sondern auch deshalb, weil wir nicht wissen, wann eine Beziehung wirklich beginnt oder wann sie im Endeffekt wirklich vorbei ist. Wir haben uns heute bereits mit dieser Frage beschäftigt. Zwei Menschen verbinden sich, trennen sich und sehen sich niemals wieder. Sechs Jahre später heiratet einer von ihnen jemand anderes, ohne dass der frühere Partner das mitbekommt. Im Composit-Horoskop der beiden aber steht Pluto im Transit exakt auf dem Aszendenten. Selbst wenn das Paar über viele Jahre keinen Kontakt zueinander gehabt hat, markiert doch die Heirat mit jemand anderem eine unumkehrbare Veränderung der Beziehung. Oder: Eine Frau lässt sich von ihrem Ehemann scheiden, trifft jemand anderen und bekommt ein Kind. Ihr ehemaliger Mann weiß nichts davon, weil sie keinen Kontakt mehr haben. Die progressive Composit-Sonne aber steht nun genau auf dem Composit-Neptun im 5. Haus. Oder ein alter Freund, den wir zwanzig Jahre lang nicht gesehen haben, stirbt, was wir zufällig erfahren. Wir schauen aufs Composit und sehen, dass die progressive Composit-Sonne in Opposition zum Composit-Uranus steht. Wir mögen über die Jahre hinweg keine Beziehung im gewöhnlichen Sinn mit dieser Person gehabt haben. Das Composit aber lehrt uns, dass in gewisser Weise alle Beziehungen weiterbestehen, auch dann, wenn wir für die betreffende Person nichts mehr empfinden.

Teilnehmer: Man fragt sich, wer hier der Strippenzieher ist.

Liz: Vielleicht wäre Software-Produzent heutzutage der passendere Ausdruck. Ich frage mich oft, wer oder was die Geschehnisse auf eine solche Weise arrangiert. Vielleicht ist es Bill Gates. Durch das Composit erhebt sich das tiefgründige Problem, was wir als Anfang und als Ende definieren sollen. Wir betrachten unser Leben aus einem ziemlich begrenzten Blickwinkel. Wir verbinden eine Abfolge von Vorfällen miteinander und sagen: »Die Beziehung begann zu diesem oder jenem Datum, entwickelte sich entlang der Punkte A, B und C und endete dann.« Wir lassen damit aber den viel umfassenderen Hintergrund der ungeheuren Kette von Kontakten und Lebensumständen außer Acht, die zur Ausbildung dieser Verbindung geführt haben, sowie alle Konsequenzen, die sich in der Folgezeit daraus ergaben. Dabei gibt es selbst dann Konsequenzen, wenn wir den oder die Betreffende nie wieder sehen.

Teilnehmer: Daraus wäre abzuleiten, dass Composite Auswirkungen auf andere Composite haben.

Liz: Ja. Ein weiterer Weg, der in den Wahnsinn führt. Als wir uns mit dem Composit von Charles und Diana befassten, hätten wir es vielleicht mit dem Composit von Charles und der Queen vergleichen sollen und dem zwischen Charles und Camilla.

Teilnehmer: Und den Compositen zwischen der Queen und allen ihren Hunden.

Teilnehmer: Dann würden wir wirklich verrückt.

Liz: Es gibt eine Denkschule, die besagt, dass wir es bereits sind. Wie dem auch sei – Familien sind ein interessantes Gebiet, um mit dem Composit zu experimentieren. Wir können zum Beispiel das Composit zwischen Vater und Sohn und das zwischen Mutter und Sohn miteinander vergleichen und erforschen, wie die beiden Beziehungen einander beeinflussen. Oder wir vergleichen das Composit zwischen einem Mann und seinem Liebhaber mit dem zwischen ihm und seiner Ehefrau. Das liefert ebenso gültige Resultate wie die Analyse der Beziehung zweier Menschen. Außerdem erhalten wir so eine andere Perspektive als die der traditionellen Synastrie.

Teilnehmer: Jetzt, wo wir uns mit dem Composit von Charles und Diana befasst haben, möchte ich Ihre Bemerkung aufgreifen, dass ein Schokoladenkuchen ein Schokoladenkuchen ist.

Teilnehmer: Wollen Sie zu Charles gehen und ihm das sagen?

Liz: Was sagen? Dass ein Schokoladenkuchen ein Schokoladenkuchen ist? Ich nehme an, das hat er bereits selbst herausgefunden.

Teilnehmer: Ich denke immer noch, dass es Wege geben muss, mit dem Composit-Saturn und dem Composit-Chiron konstruktiver umzugehen. Muss es wirklich ein für allemal ein Schokoladenkuchen bleiben?

Liz: Saturn und Chiron im Composit sind nicht negativ. Sie verkörpern angeborene Grenzen, genauso wie im Radix-Horoskop auch. Beide Partner können viel dafür tun, um für Saturn und Chiron im Composit konstruktive statt destruktive Kanäle zu schaffen. Grenzen können zu sehr kreativen Antworten führen. Die Grenzen aber sind innerlich, und sie werden nicht verschwinden. Ich weiß, worauf Sie hinauswollen, und ich würde Ihnen liebend gern sagen, dass wir alles ändern können, wenn wir nur hart genug daran arbeiten. Ich glaube das aber nicht, selbst wenn ich glaube, dass wir es trotzdem versuchen müssen. Wir können es bei unserer innerlichen Arbeit weit bringen. Wenn aber der Composit-Saturn im 2. Haus im Skorpion steht, wird es immer ein Composit mit Saturn im 2. Haus sein. Er wird nicht durch Zauber plötzlich zu einem Composit mit Jupiter im Schützen im 2. Haus werden. Um das zu erreichen, müssen Sie sich eine andere Beziehung suchen, bei der der Composit-Jupiter in dieses Haus im Zeichen Schütze fällt.

Jeder hat in seiner Beziehung den Composit-Saturn irgendwo stehen. Es gibt in jedem Composit einen Saturn, genauso, wie er in jedem Radix-Horoskop vorhanden ist. Niemand von uns kann das sein, was er am liebsten sein würde, und kein Mensch kann zu einem ganz anderen werden. Wir alle sind auf die eine oder andere Weise beschränkt. Wir können auf verschiedene Arten auf die saturnischen Grenzen reagieren, und diese Arten mögen das Beste von uns hervorbringen. Die Grenzen aber werden nicht verschwinden. Es ist unsere Einstellung zu ihnen, die sich ändern kann. Jede Beziehung ist in der einen oder anderen Form beschränkt, und wir sollten vielleicht dankbar dafür sein. Ansonsten gäbe es nichts, wonach wir streben oder wovon wir träumen könnten. Alles hängt von unserer Einstellung ab.

Teilnehmer: Ich habe eine Frage zu Composit-Aspekten. Ein Transit-Quadrat im Radix-Horoskop ist in den meisten Fällen schwierig. Ist ein Transit-Quadrat im Composit ebenfalls problematisch? Composite sind sich ihrer selbst ja nicht wie der Mensch bewusst.

Liz: Das Quadrat beschreibt eine Situation der Spannung oder Reibung zwischen zwei Prinzipien. Beide streben nach der Vorherrschaft, keines will einen Kompromiss eingehen, also kommt es zum Kampf. Wenn zwei Prinzipien im Konflikt zueinander stehen, wird dadurch eine sprunghafte und unbequeme Art von Energie erzeugt, die Anstrengung und Aktivität erforderlich macht, wodurch schließlich etwas geschieht. Etwas Neues will ans Licht kommen, und dieses Neue stellt die Lösung des Konfliktes dar. Das Transit-Quadrat – ob nun im Radix- oder im Composit-Horoskop – erfordert Anstrengung und Aktivität, wenn Energie freigesetzt werden soll. Ein »drittes« Etwas, eine neue Sichtweise oder Wesensform, versucht, aus dem Gewirr der miteinander kämpfenden Prinzipien ans Licht zu kommen. Das Quadrat ist in seiner tiefsten Bedeutung der Aspekt der Schöpfung. Es bringt neues Leben zur Welt. Der Radix- oder Composit-Planet ist gezwungen, sich zu ändern, sich neu zu strukturieren, eine neue Form des Ausdrucks zu finden.

Leider reagieren wir häufig negativ auf Quadrate, weil das Ego Konflikte nicht mag und Probleme mit Widersprüchen hat. Wir können nicht gut mit zwei Sachen umgehen, die grundverschieden, aber gleichermaßen gültig sind. Im Angesicht von zwei miteinander im Streit liegenden Prinzipien meinen wir, uns zwischen ihnen entscheiden zu müssen – das eine muss richtig und das andere falsch sein. Wir haben Schwierigkeiten damit, den Konflikt in uns auszutragen, bis schließlich aus ihm eine neue, »dritte« Sache hervorgeht. Wir können die Spannung nicht aushalten, so versuchen wir, dem Kampf aus dem Weg zu gehen. Wir reagieren auf Quadrate häufig auf eine negative Weise, indem wir eine Seite davon projizieren oder verdrängen. Das ist der Grund dafür, weshalb sie manchmal so viel Leid und Ärger mit sich bringen.

Ein Transit-Quadrat bedeutet nicht unbedingt Schmerzen, es bringt aber Konflikte mit sich. Etwas in der Beziehung muss anders werden, eine neue Ausdrucksform muss gefunden werden. Die Beziehung kann nicht im menschlichen Sinne »verletzt« werden. Das Paar aber muss dazu fähig sein, den Kampf in sich auszutragen, damit etwas Neues entstehen kann. Das Neue kann selbstverständlich auch das Ende der Beziehung sein. Wenn dies aber das angemessene neue Element und nicht nur eine Reaktion aus Angst seitens eines oder beider Partner ist, wird es als das »Richtige« empfunden werden – selbst dann, wenn es auf der emotionalen Ebene Schmerzen verursacht. Wenn einer oder beide die Spannung in der Beziehung nicht aushalten können, kann das Transit-Quadrat dazu führen, dass viel Destruktives zum Ausdruck kommt, wie beim individuellen Horoskop auch. Transit-Quadrate künden davon, dass in der Beziehung etwas Neues entsteht.

Die Mondknoten im Horoskop

Teilnehmer: Was ist mit den Mondknoten im Horoskop?

Liz: Die Mondknoten sind ganz verrückte Faktoren, wenn man sie im Composit erforschen will. Sie scheinen die gleiche rätselhafte Schnittstelle zwischen solarer Bedeutung und lunarer Verkörperung zu sein wie im Radix-Horoskop auch. Sie stellen Tore zur Manifestation dar. Die Häuser, in denen sie sich befinden, haben etwas Schicksalhaftes, das für gewöhnlich durch die Beziehung zum Ausdruck kommt. Transite und Progressionen zu den Composit-Mondknoten scheinen Ereignisse hervorzurufen. Aber auch der Synastrie-Vergleich zwischen Composit-Knoten und Radix-Planeten ist häufig verblüffend.

Zumeist steht der auf- oder der absteigende Composit-Knoten in Konjunktion zu einem wichtigen Faktor in einem oder sogar in beiden Radix-Horoskopen. Oder einer der individuellen Mondknoten steht zu etwas im Composit-Horoskop in Konjunktion. Auch die progressiven Composit-Knoten scheinen sensible Punkte zu sein, besonders dann, wenn sie auf etwas im Composit Horoskop zu stehen kommen. Charles und Diana haben den aufsteigenden Composit-Mondknoten auf 1° Krebs im 9. Haus. Er steht in Konjunktion zu Dianas Sonne und Merkur.

Teilnehmer: Worauf weist das hin?

Liz: Die Composit-Mondknotenachse verläuft durch die Häuser der Kommunikation und des Wissens. Dies ist der Bereich, wo sich die Bedeutung der Beziehung am stärksten zeigt – die Mondknoten stellen eine Verbindung des solaren Zwecks und der unmittelbaren emotionalen Erfahrungen des Mondes dar. Die entscheidenden Vorfälle in der Beziehung drehen sich um das, was *gesagt* und *gewusst* wurde – was sie einander sagten, was sie übereinander wussten, was sie der Öffentlichkeit mitteilten und was die Öffentlichkeit über sie sagte und wusste. Weiterhin ist hier die Weltanschauung der Verbindung zu nennen: Was sie als Paar glauben, wie ihre moralischen und philosophischen Ansichten beschaffen sind, sowie – in der traditionellsten Auslegung des 9. Hauses – die Haltung der Kirche von England und der staatlichen Stellen zu der Beziehung. Scheidung und neuerliche Eheschließung sind hier natürlich wichtige Faktoren, mit allen institutionellen Herausforderungen, die damit in Verbindung stehen. Der aufsteigende Knoten im Krebs und der absteigende im Steinbock legen nahe, dass es ein Bedürfnis gibt, emotional offener zu kommunizieren und weniger auf die Tradition und überlieferten Meinungen zu vertrauen. Oder anders ausgedrückt: Diese Beziehung braucht die Ausformulierung einer globalen Weltsicht und Lebensphilosophie, die die Verbindung aus dem persönlichen Bereich in den des Universellen heben kann.

Der aufsteigende Composit-Mondknoten in Konjunktion zu Dianas Sonne und Merkur lässt vermuten, dass diese Betonung einer globalen Weltsicht die Beziehung anspornen wird, ihre Individualität und ihre kommunikativen Fähigkeiten weiterzuentwickeln. Da in ihrem Horoskop Sonne und Merkur im 7. Haus stehen, würde sie die Beziehung auch mehr mit der Öffentlichkeit in Kontakt bringen. Diana wiederum würde durch ihre Arbeit für Wohltätigkeitsorganisationen dem aufsteigenden Composit-Knoten Ausdruck verleihen. Sie hat zu ihm einen besseren Zugang als Charles, was heißen könnte, dass sie dieser Dimension der Beziehung aufgeschlossener gegenübersteht. Es könnte gleichfalls heißen, dass die Beziehung eher förderlich auf ihre als auf Charles Entwicklung wirkt. Verstehen Sie, wie ich darauf komme?

Teilnehmer: Ja, danke.

Teilnehmer: Beziehen Sie beim Composit auch Juno und Vesta mit ein?

Liz: Nein. Ich bin mir sicher, dass auch die Asteroiden ihre Bedeutung haben. Aber mir reichen zehn Planeten plus Chiron. An einem bestimmten Punkt ziehe ich einen Schlussstrich, um ein Übermaß an Information zu verhindern und die wichtigsten Themen klar zu halten. Es gibt mehr als 3000 Asteroiden, die zum Teil eigenartige Namen tragen. Nach den ersten Tausend verzweifelten die Astronomen. Sie nannten viele nach ihren Frauen und Kindern. Ich könnte die 3000 in ein Horoskop eintragen und sagen: »Oh, das ist interessant. Dianas Litauen steht auf Charles Sardinenbüchse.« Bei 3000 von diesen kleinen Kerlen steht alles im Aspekt zu allem.

Teilnehmer: Gibt es wirklich einen Asteroiden, der Litauen heißt?

Liz: Ja. Es gibt auch einen namens Österreich. Für Sardinenbüchse würde ich meine Hand allerdings nicht ins Feuer legen.

Ein Composit aus der Gruppe

Pat und Phil

Sollen wir versuchen, ein Composit zu analysieren, das mir ein Paar aus der Gruppe gegeben hat? Schauen wir zunächst einmal darauf und untersuchen dann, welche Verbindungen zu den Radix-Horoskopen bestehen. Pat und Phil sind heute hier, also können sie uns nötigenfalls Rückmeldungen geben. Später können wir uns dann mit einigen der Composit-Transite befassen.

Teilnehmer: In diesem Composit steht der Mond im 1. Haus in den Fischen.

Liz: Ja, der Composit-Aszendent befindet sich auf 25° 30' im Wassermann, und der Composit-Mond steht auf 1° 42' Fische dazu in Konjunktion.

Teilnehmer: Ich habe früher immer gedacht, dass ein Composit-Mond am Aszendenten bedeutet, dass man eine gemeinsame häusliche Basis schaffen möchte.

Liz: Können Sie uns etwas dazu sagen, Pat? War es für Sie wichtig, zusammen ein Zuhause zu gründen?

Composit-Sonne am IC: ein Zuhause gründen

Pat: Ja, das war es. Früher hatte ein Zuhause für mich keine Rolle gespielt, ich hatte gedacht, dass ich so etwas nie wollte. Ich war erst 19, als ich heiratete. Es mag sich dumm anhören, aber ich habe nie gedacht, dass es einmal dazu käme. Als ich Phil traf, ging alles ganz schnell. Ich wusste es von Anfang an. Eine

Zeit lang sahen wir uns nicht. Nachdem wir uns wiedergetroffen hatten, verlobten wir uns wenige Monate später. Und fünf Monate darauf heirateten wir.

Teilnehmer: Habt ihr ein Haus?

Phil: Ja. Sobald wir wussten, dass wir heiraten wollten, kauften wir ein Haus und schafften uns Katzen an.

Liz: Der aufsteigende Composit-Mond in den Fischen lässt fraglos auf emotionale Nähe schließen. Allerdings denke ich, dass die Composit-Sonne in diesem Horoskop der markantere Hinweis auf die Verankerung der Beziehung durch Heirat und Haus ist. Diese Composit-Sonne befindet sich im Stier am IC. Sie zeigt an, dass es einen sehr machtvollen Drang nach materieller Sicherheit, Wurzeln und der Gründung eines Zuhauses gibt. Man könnte sogar sagen, dass der Zweck dieser Beziehung zumindest zum Teil darin liegt, dies zu erschaffen. Ein Paar mit einer solchen Stellung wird keine sprunghafte Liebesbeziehung von entgegengesetzten Stadtvierteln aus führen – allenfalls dann, wenn die Composit-Sonne in Konjunktion zu Uranus steht. In diesem Fall würden Sie vielleicht beide ein Haus mit Katzen und jeweils im anderen gute Kleidung fürs Wechseln im Schrank haben.

Die Verbindung zwischen dem Composit- und den beiden Radix-Horoskopen ist außerordentlich interessant. Es gibt nicht genug Platz, um alle Horoskope auf den Projektor zu legen, deshalb erwähne ich einige der wichtigen Punkte. Pats Aszendent befindet sich auf 22° im Stier. Die Composit-Achse zwischen MC und IC fällt damit genau auf ihren Aszendenten/Deszendenten; Sonne und Merkur aus dem Composit stehen auf ihrem Aszendenten. Mars und Chiron aus dem Composit, die mit der Sonne und Merkur daraus ein Großes Trigon im Element Erde bilden, stehen beide im Trigon zu Pats Aszendenten. Die Beziehung hat offensichtlich eine große Bedeutung für Sie.

Pat: Ja.

Teilnehmer: Heißt das, dass sie jetzt meint, mehr sie selbst geworden zu sein?

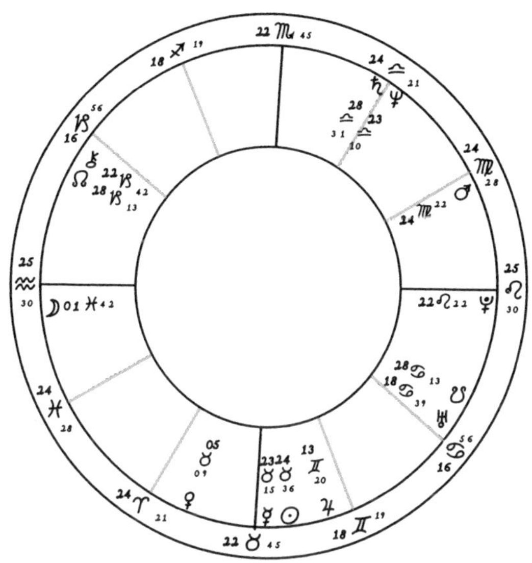

Abbildung 8:
Composit-Horoskop von Pat und Phil

Liz: Ich glaube ja. Der »Zweck« der Beziehung (die Composit-Sonne) und die Art, wie dieser vermittelt wird (der Composit-Merkur), aktivieren ihren Radix-Aszendenten, sie erwecken und erleuchten ihn. Die Beziehung erweckt eine Seite von Pat zum Leben, derer sie sich vielleicht nicht bewusst war oder die sie nicht gut zum Ausdruck bringen konnte, die für sie aber das Mittel darstellt, durch das sie ihre innerliche Entwicklung der Welt deutlich machen kann.

Teilnehmer: Sie identifiziert sich also sehr stark mit der Beziehung.

Liz: Ja. Pat, sagten Sie nicht, dass Sie nie daran gedacht hatten, eine Familie zu gründen?

Pat: Das war etwas, was mir früher niemals in den Sinn gekommen ist. Ich fand es gut, frei und selbstständig zu sein.

Liz: Dabei haben Sie einen Stier-Aszendenten. Der Aszendent im Radix bildet häufig das ab, was wir zur Entwicklung bringen müssen, um der Sonne und den anderen Planeten eine Ausdrucksmöglichkeit zu bieten. Der Aszendent zeigt, wie wir die Welt wahrnehmen und uns in ihr darstellen. Häufig aber projizieren wir ihn und glauben, dass die Welt so oder so beschaffen ist, nicht wir. Es hat den Anschein, dass Sie Ihren Stier-Aszendenten von Ihrem Bewusstsein her nicht vollständig akzeptieren konnten. Früher oder später hätten Sie die Stier-Werte aber anerkennen und entwickeln müssen. Sonne und IC des Composits haben eine Seite aktiviert, die Ihnen zuvor unbekannt war. Über Ihre flexibleren Eigenschaften waren Sie sich womöglich schon im Klaren, mit den Stier-Qualitäten aber waren Sie nicht vertraut. Die Beziehung hat Ihnen dann mit einem Mal Ihren Aszendenten bewusst gemacht. Weiterhin gehe ich davon aus, dass Sie sich sehr stark mit dem Zuhause identifizieren, das Sie und Phil zusammen erschaffen haben. Ich würde ebenfalls vermuten, dass das Erbe der Familie sowohl in materieller als auch in psychologischer Hinsicht die Beziehung zu großen Teilen prägt – was nicht immer positiv sein muss. In früheren Seminaren haben Sie ein bisschen von Ihrem familiären Hintergrund erkennen lassen. Weil die Composit-Sonne im 4. Haus steht, ist die Familiengeschichte für Sie von entscheidender Bedeutung.

Pat: Es war nicht einfach, als wir heirateten. Phils Mutter und Vater wollten es nicht.

Phil: Als wir uns verlobten, verboten sie Pat das Haus.

Pat: Ich glaube, es war nicht persönlich gemeint. Seine Eltern wollten nicht, dass er überhaupt heiratet. Es wirkt auf mich, als hätte ich über die Jahre eine Prüfung zu bestehen gehabt. Ich glaube, ich werde jetzt von ihnen akzeptiert. Irgendwann entschied ich, dass ich mir keine Gedanken mehr über das machen würde, was sie ihm über mich sagten. Ich weigerte mich, sie zu sehen. Das zog sich über vier Jahre hin. In dieser Zeit war Phil sehr krank und arbeitete nicht. Ich aber ging weiter zu meiner Arbeit. Ich glaube, da waren sie wirklich überrascht. Ich zeigte ihnen etwas von mir, das sie vorher vielleicht nicht wahrgenommen hatten. Von da an verhielten sie sich ganz anders zu mir. Ich habe das Gefühl, ich habe meine Prüfung bestanden. Ich frage mich, ob das etwas mit der Composit-Sonne im Quadrat zu Pluto zu tun hat.

Liz: Ich glaube, dass es so ist – wenngleich es auch die Auswirkung der Composit-Sonne auf den Stier-Aszendenten sein könnte. Die Beziehung mitsamt ihrem Vermächtnis aus der Familiengeschichte hat Sie gezwungen, sich Ihrer eigenen Stärke, Ausdauer und Leidenschaft bewusst zu werden. Diese persönlichen Eigenschaften wirken wiederum auf die Beziehung zurück und haben zu ihrem Fortbestehen beigetragen. Wie Sie aber einmal sagten, ist die Beziehung auch durch Sonne-Pluto geprägt – sie muss um ihr Überleben kämpfen, um ihrem Zweck gerecht zu werden. Einer der vom Composit angezeigten Bereiche, in dem Sie kämpfen müssen, scheint die Außenwelt zu sein: Der Composit-Pluto steht in Konjunktion zum Composit-Deszendenten. Sie sehen zwar nicht alle Menschen der Außenwelt als Feinde, haben aber möglicherweise das Gefühl, dass sich ein instinktiver kollektiver Druck gegen die Beziehung richtet.

Der Composit-Chiron steht im 12. Haus im Steinbock, in Konjunktion zum aufsteigenden Composit-Knoten. Auch das verdient Aufmerksamkeit. Es geht hier um eine Art von Wunde oder Verletzung aus der Vergangenheit, die ihren Ursprung in der Psyche der Ahnen hat. Sie könnte zusammenhängen mit dem Missbrauch von Autorität und den Überlieferungen, und sie lässt auf ein innerliches Gefühl der Isolation in der Beziehung schließen – Isolation von der familiären Gruppe und Misstrauen seitens der kollektiven Autorität. Sie haben vor der Familie eine Prüfung bestanden, Pat. Ich bezweifele aber, dass Sie als Paar wirklich das Gefühl haben dazuzugehören.

Pat: Das stimmt.

Liz: Das Trigon von Chiron zu Sonne und Merkur im Composit-Horoskop könnte den Sachverhalt widerspiegeln, dass Sie als Paar in der Lage gewesen waren, einige der Probleme durch

Mitgefühl und Verständnis zu lösen. Die Composit-Sonne ist durch viele positive Züge begünstigt. Die Stellung im Stier spricht für Stabilität und Ausdauer. Das Trigon zum Composit-Mars in der Jungfrau steht für eine dynamische Beziehung mit viel Energie und Bestimmtheit. Ähnliches ließe sich über einen Menschen sagen, der die Stier-Sonne im Trigon zum Jungfrau-Mars hätte: jemand mit sehr viel Durchhaltevermögen, der sich nicht beirren lässt, wie viele Hindernisse es auch geben mag, und der schließlich bekommt, was er anstrebt. In Ihrer Beziehung gibt es den Willen, an den Dingen zu arbeiten.

Weiterhin ist die Fähigkeit vorhanden, Leid auf eine philosophische Art zu sehen, die durch das Trigon zwischen Composit-Sonne und -Chiron zum Ausdruck kommt. Die Beziehung ist durch die Familiengeschichte verwundet worden, und die Tatsache, dass Sie beide sich damit befassen müssen, bindet Sie aneinander. Ein Sonne-Chiron-Aspekt im Composit legt eine potenzielle Stärkung der Beziehung durch geteilte Wunden nahe. Ein ähnlicher Aspekt ist im Composit von Charles und Diana vorhanden – dort steht die Jungfrau-Sonne im Trigon zu Chiron. Allerdings scheint das Bindungspotenzial in diesem Fall nicht groß genug gewesen zu sein, um die Beziehung zu retten. Chirons Wunden können im Composit zu Hartnäckigkeit und dem Gefühl der Verpflichtung führen. Diese Beziehung weist sehr viel Durchhaltevermögen auf, auch wenn es heikel wird. Weil der Composit-Chiron zudem Ihren Radix-Aszendenten aspektiert, Pat, hat er auch Ihre angeborene stierhafte Stärke und Loyalität ans Licht gebracht. Die Opposition von der Familie hat Sie darin bestärkt, sie eines Besseren zu belehren und an der Beziehung festzuhalten. Beileibe nicht alle Menschen wären dazu in der Lage gewesen.

Das Sonne-Pluto-Quadrat im Composit: Sie sind hinter uns her

Was würden wir über einen Menschen mit einen Quadrat zwischen Sonne und Pluto sagen?

Teilnehmer: Von Zwängen getrieben.

Liz: Ja, die Person könnte unter Zwängen zu leiden haben, weil sie sich ihres Überlebensdrangs deutlich bewusst ist. Alles scheint hier ein Kampf auf Leben und Tod zu sein, alles ist von äußerster Bedeutung. Weil so vieles das Überleben zu bedrohen scheint, lässt sich derjenige mit einer Sonne-Pluto-Verbindung möglicherweise auf viele Machtkämpfe ein. Das ist auch für diese Beziehung charakteristisch. Sie haben vielleicht manchmal ein »Wir gegen sie«-Gefühl – Sie beide als Paar müssen gegen die ganze Welt um Ihr Überleben kämpfen. Von Zeit zu Zeit mögen sich in der Beziehung selbst Machtkämpfe ergeben, weil Sie auch individuell vom plutonischen »Sie sind hinter mir her«-Verfolgungswahn infiziert sein könnten. Womöglich kämpfen Sie beide um die Macht, selbst dann, wenn Sie in anderen Situationen nicht auf Kontrolle aus sind.

Pat: Gibt es da einen Zusammenhang zum Thema Gesundheit? Ich sage das, weil der Composit-Pluto im 6. Haus steht und Phil lange Zeit krank war.

Liz: Er befindet sich im 6. Haus, allerdings in Konjunktion zum Composit-Deszendenten, womit er sowohl zum 6. als auch zum 7. Haus zu zählen ist. »Schicksalhafte« Zwangslagen in der Beziehung – Situationen, die einen Kampf ums Überleben notwendig machen – hängen zumeist mit der Composit-Stellung von Pluto zusammen, und die Probleme führen dann oft zu tief greifenden Veränderungen zwischen den beiden Partnern. Der Composit-Pluto im 6. Haus sagt aber nichts über Ihre oder Phils Gesundheit aus. Er hat zu tun mit der Integration der Beziehung in den Alltag und mehr mit dessen Gesundheit als der von Ihnen beiden. Die tägliche Routine und die gewöhnlichen Rituale der Beziehung stellen einige der Bereiche dar, die das 6. Haus umfasst. Arbeit ist ein Thema, aber nicht die von Ihnen oder Phil, für sich allein betrachtet. Welche »Arbeit« verrichtet die Beziehung für die Welt? Worauf bezieht sich ihre »Dienstbereitschaft«? Der Composit-Uranus befindet sich gleichfalls in diesem Haus, was darauf schließen lässt, dass es in dem Bereich des alltäglichen Funktionierens der Beziehung zu vielen Veränderungen und Umbrüchen kommt. Sie hat ihre besonderen Bedürfnisse bezüglich der Verankerung in der mundanen Welt. Es wird nicht »gesund« für sie sein, wenn sie in einer »normalen« Eheroutine gefangen ist. Der Composit-Pluto am Deszendenten beschreibt des Weiteren eine Beziehung, die zur direkten Konfrontation mit der Umgebung neigt – und vielleicht später auch zu einer machtvollen oder einflussreichen Position in der Welt.

Pat: Arbeit ist immer auf die eine oder andere Weise ein Thema gewesen, seit wir verheiratet sind. Wir sprachen immer wieder darüber, ob wir zusammen arbeiten sollten oder nicht. Letztes Jahr hatten wir schließlich die Gelegenheit, einen Secondhand-Buchladen zu kaufen. Dort arbeiten wir jetzt zusammen, wobei ich mich nebenbei um die Astrologie kümmere.

Liz: Die Wichtigkeit des gemeinsamen Arbeitens lässt sich an verschiedenen Faktoren des Composits ablesen sowie daran, wie das Composit die beiden Radix-Horoskope beeinflusst. Die Composit-Sonne im Trigon zum Composit-Mars in der Jungfrau bedeutet eine Betonung der gemeinsamen Ziele und materiellen Errungenschaften; diese Beziehung »will« hart arbeiten, bestimmte weltliche Vorstellungen erfüllen und sich als »nützlich« erweisen. Ich möchte noch auf die Verbindung zwischen dem Composit und Phils Horoskop hindeuten, die für die Themen Arbeit und Krankheit ebenfalls wichtig sein könnte. Sein Aszendent steht auf 28° im Skorpion. Die Composit-Sonne fällt dementsprechend auf seinen Deszendenten, allerdings noch in sein 6. Haus. Weil die Composit-Sonne sein 6. Haus aktiviert, wird er sich durch die Beziehung der Themen Gesundheit und Arbeit bewusster.

Das Licht der Sonne muss nicht immer behaglich sein, sie kann auch einen verborgenen Konflikt im Menschen beleuchten. Das Endergebnis kann extrem kreativ ausfallen; wenn es aber einen Mangel an Integration bei dem Betreffenden gibt, führt die Composit-Sonne womöglich zu einigen sehr unangenehmen Erlebnissen. Vielleicht ist hier ein Zusammenhang zu Phils Krankheit zu sehen, wenngleich ich sicher bin, dass dabei auch persönliche Themen eine Rolle spielen, zum Beispiel seine Trennung vom familiären Nährboden.

Phil: Was könnte die Composit-Sonne an meinem Deszendenten bedeuten?

Liz: Die Beziehung lässt Sie Ihr Bedürfnis nach Stabilität und Sicherheit durch andere erkennen (Stier am Deszendenten) und hilft Ihnen, sich Ihrer Wirkung auf die Außenwelt und der Wirkung der Außenwelt auf Sie bewusster zu werden.

Pat: Mit meiner Gesundheit steht es ebenfalls nicht zum Besten, seit wir geheiratet haben. Seit damals ist aber auch Pluto im Transit durch mein 6. Haus gelaufen. Seit dieser Zeit achte ich mehr auf meine Gesundheit. Einmal habe ich sogar zu Phil gesagt, dass ich allergisch auf ihn bin.

Liz: Mit Pluto und zusätzlich noch Uranus im 6. Haus des Composits könnte es sein, dass die Beziehung selbst allergisch auf alles reagiert, was sie zu zwingen versucht, »normal« zu sein.

Teilnehmer: Ich denke, dass von diesem Composit ein Kampf angezeigt ist, und zwar zwischen dem machtvollen Drang einer Berufung und dem Bedürfnis, das Heim zusammenzuhalten. Mit dem Stier – der großen Erdmutter – ist es Ihnen ein Bedürfnis zu Hause zu sein; das Quadrat von Pluto aus dem 6. Haus aber kann Probleme schaffen, wenn Sie sich nicht einer gemeinsamen Arbeit verschreiben.

Composit-Saturn im 9. Haus: Moral und Religion

Liz: Wir könnten noch viel mehr Zeit für diese Stellungen aufwenden, der Nachmittag aber schreitet fort. Sollen wir uns mit dem Composit-Saturn im 9. Haus befassen?

Teilnehmer: Könnte er Pats Schwiegereltern symbolisieren?

Liz: Das wäre eine extrem wörtliche Auslegung. Die Schwiegereltern kommen aber ebenfalls durch das 4. und das 10. Haus zum Ausdruck. Der Partner ist das 7. Haus, und die Mutter des Partners entspricht dem 10. Haus, vom 7. Haus aus gezählt, ergibt sich damit das 4. Haus. Der Vater des Partners wiederum ist das 4. Haus vom 7. Haus aus, also das 10 Haus. Eltern und Schwiegereltern hängen deshalb auch mit der MC/IC-Geschichte zusammen, was vom psychologischen Blickpunkt aus nicht verwundert – wir fühlen uns angezogen von denjenigen, die einen ähnlichen familiären Komplex haben wie wir. Auf der anderen Seite kann das Composit manchmal sehr wörtlich genommen werden. Das 6. Haus steht für kleine Tiere, und Pat und Phil haben Katzen.

Pat: Wir haben immer Katzen gehabt, seit wir verheiratet sind. Wir haben auch eine Ziege.

Phil: Um die Wahrheit zu sagen: Wir haben eine Katze, über deren Geschlecht wir uns nicht im Klaren sind.

Liz: Ich will lieber nicht fragen, in welcher Hinsicht da Unklarheiten bestehen. Vielleicht ergibt sich hier eine neue Interpretation vom Composit-Pluto im 6. Haus. Wie dem auch sei – lassen Sie uns auf den Waage-Saturn im 9. Haus zurückkommen. Damit sind Beschränkungen hinsichtlich des moralisch-religiösen Bereichs in der Beziehung angezeigt. Die Beziehung hat sehr hoch gesteckte Moralbegriffe, und es mag Konflikte religiöser Art oder unüberbrückbare konfessionelle Differenzen geben.

Pat: Meine Eltern sind katholisch. Wir wollten eine standesamtliche Heirat. Wir wünschten jetzt, wir wären einfach gegangen und hätten es so gemacht, wie wir es wollten. Stattdessen heirateten wir in der Kirche, nur wegen meiner Eltern. Es hört sich schrecklich an, aber keiner von uns hat den Hochzeitstag genossen.

Liz: Wie hat sich das auf die Beziehung ausgewirkt?

Pat: Wir sollten unsere Kinder katholisch erziehen.

Liz: Ist das für einen von Ihnen ein Problem?

Pat: Wir wollen keine Kinder.

Liz: Es hat den Anschein, als gäbe es im Zusammenhang mit dem religiösen Hintergrund ein nettes saturnisches Dilemma. Die Entscheidung zu treffen, keine Kinder zu wollen, steht natürlich im Gegensatz zur kirchlichen Lehre. Daneben wäre die zusätzliche Beleidigung zu erwähnen, Astrologie zu studieren. Als Paar haben Sie bereits Phils Eltern beleidigt, und mit der Entscheidung gegen Kinder beleidigen Sie Pats Eltern. Von Gott ganz zu schweigen, an den zu glauben Ihre Erziehung geprägt hat.

Pat: Es war ein großes Problem. Jahrelang habe ich mich mit dieser Lehre auseinander gesetzt. Ich brach mit der katholischen Kirche, als ich 16 oder 17 war, und ging meinen eigenen Weg. Ich erkannte nicht, welchen tiefen Effekt das auf mich gehabt hatte, bis ich eine Therapie machte. Ich denke, das hat auch die Beziehung beeinflusst bei dem, was ich für richtig halte. Wir beide haben ausgeprägte Prinzipien. Im Laufe der Zeit haben sie sich geändert, weil wir gemerkt haben, dass wir sehr dogmatisch sein können, zueinander und zu anderen.

Teilnehmer: Mit dem Composit-Neptun auf dem Composit-Saturn haben Sie in Ihrer Beziehung wahrscheinlich sehr idealistische Überzeugungen. Für lange Zeit standen im Transit Uranus und Neptun im Quadrat zu den beiden Composit-Planeten. Damit haben sich Ihre Ansichten möglicherweise deutlich gewandelt.

Phil: Das trifft zu. Wir beide sehen das, was in den letzten Jahren gelaufen ist, nun mit einem gewissen Zynismus.

Liz: Das könnte ohne Weiteres mit dem Transit von Uranus und Neptun zusammenhängen, die über den Composit-Chiron und wieder zurück liefen und das Composit-T-Quadrat zwischen Chiron, Uranus, Saturn und Neptun auslösten. Ich würde später noch gern näher auf die aktuellen Transite zu diesem Composit eingehen. Jetzt aber lassen Sie uns mit der Composit-Konjunktion von Saturn und Neptun weitermachen.

Saturn in Konjunktion zu Neptun im Composit: die Suche nach dem Ideal

Im individuellen Horoskop wirkt sich die Konjunktion zwischen Saturn und Neptun sehr idealistisch aus. Allerdings gibt es immer einen Anpassungsprozess, der das Ideal zwingt, sich an der Realität auszurichten. Die Composit-Konjunktion fällt in die Waage, was den Perfektionsdrang dieses Aspekts noch betont. Saturn versucht, die grenzenlose neptunische Vision in eine Form zu bringen, was hier zum fortwährenden Versuch führt, eine Struktur zu finden oder zu erschaffen, ein makelloses Modell von Schönheit und Ordnung im Leben. Diese Waage-Konjunktion ist ebenfalls ein Generations-Aspekt, der Anfang der Fünfziger Jahre wirksam war. Auch Partner, die einige Jahre vor und einige Jahre nach dieser Zeit geboren wurden, können ihn in ihrem Composit haben, er muss nicht in beiden Radix-Horoskopen vorhanden sein. Phil weist diese Waage-Konjunktion auf; als Pat geboren wurde, hatten sich die beiden Planeten schon voneinander entfernt. In ihrem Horoskop steht Saturn im Skorpion.

Ein solcher Aspekt ist im Composit ebenfalls bedeutungsvoll, auch wenn er für eine ganze Generation gilt. Er führt zur gleichen Aussage über die Beziehung wie über den Menschen, der ihn im Radix-Horoskop hat. Eine solche Beziehung stellt ein Sprachrohr der Vision dieser Generation dar; und sie ist gefordert, dieser Vision der perfekten Welt durch das Haus ein Fundament zu geben, in das die Konjunktion fällt. In diesem Composit findet sich die Konjunktion an der Spitze des 9. Hauses,

Neptun steht gerade noch im 8. Haus. Was könnte das Ihrem Gefühl nach zur Folge haben?

Teilnehmer: Viel Romantik, vielleicht auch eine starke spirituelle Betonung. Saturn aber könnte das unterdrücken oder den Ausdruck erschweren. Wie Sie sagten, wird ein Anpassungsprozess stattfinden.

Liz: Ja, es ist in der Tat enorm viel Romantik vorhanden sowie eine Art Mystizismus – die Sehnsucht, mit etwas »Höherem« in Berührung zu kommen. Dies wird aber von Saturn in Schach gehalten, der gewisse moralische und intellektuelle Grenzen setzt. Diese Grenzen spiegeln auch den Einfluss wider, den die Außenwelt auf die Ideale der Beziehung hat, woraus im Lauf der Zeit einige Desillusionierungen und ein gewisser Zynismus erwachsen könnten. Es ist hier sehr wichtig, das »Warum« des Lebens zu verstehen, was in der Konsequenz sowohl Pats als auch Phils Denken herausfordern und vertiefen würde. Saturn versucht, Neptun dazu zu bringen, sich durch eine Weltanschauung oder einen Moralkodex ein Fundament zu geben. Damit würde Neptun aus der rein emotionalen und zwischenmenschlichen Sphäre in den Bereich des Wissens vordringen. Saturn fordert Neptun dazu auf, für die Vision des Perfekten zu arbeiten, indem er die Saat dafür legt. Er blockiert Neptun, zwingt ihn aber zugleich zur Materialisation; er fordert dessen formlosen Mystizismus durch die moralischen und philosophischen Regeln heraus, denen Sie sich als Paar verschrieben haben.

Teilnehmer: Der Composit-Saturn steht im Quadrat zu den Composit-Mondknoten, insofern kommen sie nicht von diesem Moralkodex los.

Teilnehmer: Ich denke, dass der Composit-Mond in den Fischen ebenfalls sehr romantisch und emotional ist.

Composit-Aszendent im Wassermann: ein exzentrisches Paar

Liz: Haben Sie einen Eindruck, wie andere Sie als Paar wahrnehmen?

Pat: Ich glaube nicht, dass andere die Stier-Seite sehen. Wir wirken mehr wie ein Wassermann-Paar. Manche Mitmenschen meinen, dass wir niemals mit anderen übereinstimmen. Das war uns immer egal. Wir machen die Dinge dann, wann wir es wollen.

Liz: So sehen die Leute Sie als ein exzentrisches und unkonventionelles Paar.

Pat: Ich denke, dass sie das tun. Allerdings sind wir ganz anders, wenn man uns wirklich kennen gelernt hat. Allerdings ist es so: Wenn die anderen ausgehen, kommen wir nach Hause, und wenn sie nach Hause kommen, gehen wir aus. Irgendwie ergibt sich das so.

Liz: Dann gibt es da noch den Sachverhalt, dass Sie sehr jung heirateten, aber keine Kinder haben. Es besteht ein machtvoller Instinkt nach einem »Nest«, ohne dass Sie bislang einen Kinderwunsch verspürt hätten. Das könnte ebenfalls als exzentrisch gesehen werden, weil es dem konventionellen Muster widerspricht. Die Beziehung scheint durch sehr starke Ideale motiviert zu sein: die Composit-Konjunktion in der Waage zwischen Saturn und Neptun steht im Trigon zum Wassermann-Aszendenten. Sie beide folgen diesen Idealen und kümmern sich wenig darum, was andere von Ihnen als Paar erwarten.

Der Composit-Mond im 1. Haus: für das Publikum spielen

Blicken wir nun auf den Fische-Mond am Aszendenten. Was würden Sie über einen Menschen sagen, der den Mond im 1. Haus hat?

Teilnehmer: Die Emotionen spiegeln sich im Körper wider.

Teilnehmer: Die Emotionen sind wie in einem Schaufenster ausgestellt.

Liz: Der Mond im 1. Haus stellt einen Spiegel der unmittelbaren Umgebung dar. Mir sind viele Schauspieler mit dieser Stellung bekannt. Der Mensch mit dem Mond in diesem Haus hat die instinktive Fähigkeit, die Atmosphäre und untergründigen Strömungen wahrzunehmen und vor einem Publikum zu spielen. Der Mond scheint hier zu dem zu werden, was andere von ihm erwarten; dabei verändert er sich fortwährend. Es handelt sich dabei um eine Form der Tarnung wie des Austausches gleichermaßen. Der Mond ist veränderlich und spiegelt die aktuelle Situation wider. Wir befassen uns jetzt mit einer Beziehung, nicht mit dem einzelnen Menschen; insofern bildet der emotionale Unterton der Beziehung fortwährend die Umgebung ab, mit allen Veränderungen und Launen gemäß der jeweils augenblicklichen Situation, er ist nicht Woche für Woche oder Monat für Monat der gleiche. Die emotionale Situation unterliegt ständig Veränderungen. Der Kern der Beziehung ist verlässlich und fest wie Stein; die Gefühle aber sind ständig im Fluss, geprägt auch durch das, was in der Umgebung geschieht.

Teilnehmer: Wofür steht das 1. Haus im Composit? Beim Radix-Horoskop wäre es doch das Bild der Persönlichkeit.

Liz: Es geht um das Bild der Beziehung, das der Außenwelt vermittelt wird, darum, wie sich die Beziehung »verhält«. Das 1. Haus beschreibt im Radix, wie der Mensch das zum Ausdruck bringt, was im Horoskop angelegt ist; es ist das Tor zum Horoskop. Es handelt sich dabei nicht um unsere Stellung in der Gesellschaft – das übernimmt das 10. Haus. Das 1. Haus symbolisiert unsere Selbstdarstellung in der unmittelbaren Umgebung. Der Aszendent aber hat noch andere Ebenen. Er zeigt außerdem, wie wir wahrnehmen. Das Tor zum Horoskop ist unser ganz persönliches; wenn wir hindurchschauen, nehmen wir die Welt in einer gewissen Färbung wahr. Zumindest im ersten Teil des Lebens meinen wir, dass diese Färbung zur Welt gehört, nicht zu uns. Wir glauben, dass wir auf die Umgebung reagieren, wenn wir uns auf unsere ganz persönliche Weise verhalten – die Umgebung aber, die wir sehen, betrachten wir durch die Linse unserer besonderen Wahrnehmung. Jung sagte einmal, dass man das sieht, was man am besten sehen kann. Das ist eine schöne Beschreibung für dieses Haus.

Das 1. Haus beschreibt auch Eigenschaften, die man sich zu eigen machen und entwickeln muss, weil alles im Horoskop einschließlich der Sonne das Tor des Aszendenten passieren muss, um in der äußeren Welt zum Ausdruck zu kommen. Wenn der Aszendent nach außen projiziert wird, besteht keine bewusste Kooperation zwischen ihm und der inneren Dynamik des Horoskops. Der Mensch hat dann den Eindruck, dass das Leben ihm bestimmte Erfahrungen aufzwingt – in Wirklichkeit aber sind diese Erfahrungen notwendig, damit sich der Aszendent ausformen kann gemäß dem, was im Horoskop angelegt ist. Deshalb trat Pats Stier-Aszendent, der sich vor der Beziehung nicht bemerkbar zu machen schien, plötzlich in ihrem Leben so deutlich zutage. Sie musste lernen, die Stier-Eigenschaften und -Werte auszuleben. Diese sind das »richtige« Werkzeug, um den Rest ihres Horoskops zum Ausdruck zu bringen.

Das Gleiche gilt für den Composit-Aszendenten, der von beiden Partnern bewusst zum Ausdruck gebracht werden muss und nicht blind ausgelebt oder projiziert werden darf. Häufig nimmt die Umgebung ihn eher wahr als das Paar selbst. Er stellt die Form dar, die die Beziehung in der Außenwelt annimmt. Der Radix-Aszendent sagt viel darüber aus, wie jemand aussieht, sich kleidet und bewegt und welchen Gesichtsausdruck er zeigt. Er reflektiert den persönlichen »Stil«. Das ist der Grund, warum wir häufig den Aszendenten eines Menschen erraten können, der in einen Raum tritt. Das Radix-Zeichen der Sonne ist schwerer zu erraten; wir müssen die Person kennen oder sie in einem Augenblick sehen, in dem sie das zum Ausdruck bringt, an das sie am stärksten glaubt. Für gewöhnlich wird das Sonnen-Zeichen erst über die Zeit hinweg deutlich; der Aszendent dagegen entfaltet sofort seine Wirkung. So ist es auch beim Composit-Aszendenten. Er symbolisiert, wie die Beziehung »aussieht« und »sich kleidet«. Diese Beziehung wirkt wie eine Wassermann-Verbindung: exzentrisch. Die anderen sagen: »Haben sie wirklich eine Ziege? Und sie wissen nicht mal, ob sie eine Katze oder einen Kater haben. Sind sie überhaupt verheiratet? Wieso haben sie eigentlich keine Kinder? Und dann diese komischen Sachen, mit denen sie sich beschäftigen!« Im Hintergrund gibt es eine sehr stabile Stier-Sonne; sichtbar aber ist der Wassermann-Aszendent, der den durch in seiner Nähe stehenden Fische-Mond mit seinen fortwährenden Höhen und Tiefen noch unberechenbarer wird.

Phil: Ich vermute, wir vermitteln das Bild eines »New Age«-Paares. Ich glaube nicht, dass es uns wirklich entspricht. Bestimmt aber denken die Leute so.

Liz: Menschen, die mit Ihnen in Kontakt kommen, könnten auch der Ansicht sein, dass Sie viel distanzierter zueinander eingestellt sind, als es in Wirklichkeit der Fall ist. Die gefühlsmäßige Einstellung der Beziehung kommt durch den verträumten und romantischen Composit-Mond in den Fischen zum Ausdruck; wie aber bei allen Planeten im 1. Haus, die in ein anderes Zeichen als der Aszendent fallen, braucht es seine Zeit, bis das deutlich wird. Und der Mond bedeutet hier zusätzlich noch Tarnmanöver. Nur wenn man Sie wirklich kennen lernt, merkt man, wie nahe Sie sich emotional stehen. In Gesellschaft werden Sie sich vermutlich nicht bei den Händen halten oder sich tief in die Augen sehen; wahrscheinlich ist es Ihnen wichtiger, mit anderen zu reden. Auf Partys wirkt das vielleicht so, als ob Sie alte Freunde wären, die zufällig beide eingeladen wurden.

Pat: Das stimmt. Wir beziehen uns nie als Ehemann und Ehefrau aufeinander. Das haben wir nie getan. Wenn Phil mich vorstellt, nennt er mich Pat. Er sagt nie: »Das ist meine Frau.«

Liz: Und Sie sagen nicht: »Das ist mein Mann«?

Pat: Nein. Ich sage: »Das ist Phil.« Erst wenn die Leute uns kennen lernen, merken sie, wie es mit uns ist.

Liz: Hat sich das in der Beziehung von allein ergeben, oder haben Sie darüber gesprochen?

Phil: Wir haben niemals darüber geredet. Wir haben uns nicht hingesetzt und festgelegt: »Ich sage das nicht, und du sagst das nicht.« Es hat sich so ergeben.

Liz: Die Beziehung hat ihr Erscheinungsbild selbst diktiert.

Teilnehmer: Stellt nicht ein Fische-Mond im Composit emotional hohe Ansprüche?

Liz: Ja, wenngleich ich es etwas anders ausdrücken würde. Die Beziehung als solche ist nicht besonders anspruchsvoll. Wenn Sie aber beide zusammen sind, erleben Sie möglicherweise eine Auflösung der emotionalen Grenzen und ein Gefühl des Verschmelzens. Wie wir sahen, ist auch im Composit von Charles und Diana ein Fische-Mond gegeben; die Auflösung von Grenzen könnte eines der Hauptprobleme zwischen den beiden gewesen sein, weil das ein krasser Gegensatz zu Charles Radix-Horoskop ist. Dieser Composit-Mond aber weist ein starkes Trigon zu Saturn auf – auch wenn beide Planeten in verschiedenen Elementen stehen. Damit ist eine sehr strukturierte, selbstbeherrschte Wesensart verbunden, die den emotionalen Fluss am Laufen hält. Moral und Ideale der Verbindung machen den Composit-Mond stark und unabhängig – wie es in einem Radix-Horoskop auch der Fall wäre. In welcher »Stimmung« sich die Beziehung auch befinden mag, der Composit-Saturn raunt dem Mond zu: »Reiß dich zusammen und mach weiter. Und bloß keine Zügellosigkeit!«

Teilnehmer: Ich hoffe, Pat und Phil nehmen es mir nicht übel, wenn ich etwas Persönliches sage.

Pat: Nein, raus damit.

Teilnehmer: Ich sitze manchmal mit ihnen in der Kantine zusammen, bevor ein Seminar losgeht. Mein Eindruck von ihnen als Paar ist, dass sie einander sehr nahe stehen und viel für sich empfinden. Sie scheinen zusammen etwas Besonderes zu sein, als ob sie miteinander verschmolzen sind.

Liz: Sie haben den Wassermann-Aszendenten nicht weiter

beachtet und sich auf den Fische-Mond eingestimmt. Vielleicht liegt das daran, dass Sie mit den beiden häufig in einer entspannten Situation zusammen sind. Wenn die beiden auf eine Party gekommen wären und Sie sie nicht gekannt hätten, wäre vielleicht ein anderer Eindruck entstanden. Es kann aber auch damit zusammenhängen, wie das Composit Ihr Horoskop beeinflusst. Haben Sie etwas in Ihrem Radix, das zu diesem Fische-Mond passt?

Teilnehmer: Meine Fische-Sonne steht in Konjunktion dazu.

Liz: Damit ist klar, warum Sie so gut auf das emotionale Leben der Beziehung eingestimmt sind. Vielen anderen Menschen entgeht es. Ein anderer hat vielleicht die Radix-Sonne in der Waage auf ihrem Composit-Saturn und denkt: »Der Kontakt mit den beiden hat etwas Schweres. Immer müssen sie über ihre philosophischen Ansichten reden.« Die Beziehungen anderer beeinflussen uns auf die gleiche Weise, wie uns andere Menschen als Individuum beeinflussen. Und wir wiederum haben einen Einfluss auf andere Beziehungen. Vielleicht mögen es Pat und Phil, bei Ihnen zu sitzen, weil Sie ihren Composit-Mond in den Fischen aktivieren.

Teilnehmer: Haben Sie viel Spaß miteinander? Der Composit-Jupiter steht in den Zwillingen.

Pat: Wir spielen viel.

Liz: Dass Sie eine Buchhandlung haben, passt sehr gut zum Composit-Jupiter in den Zwillingen im 4. Haus. Der Laden ist Ihnen sowohl ein materielles als auch spirituelles Zuhause. Im Gegensatz zu dem, was man vielleicht erwarten könnte, habe ich festgestellt, dass Jupiter im 4. Radix-Haus gegen eine eigene Familie eingestellt sein kann – vielleicht weil Jupiter das ewige Kind ist, der freie Geist, der unbegrenzte Möglichkeiten braucht, die er erkunden kann. Das ist umso mehr bei der Stellung in den Zwillingen der Fall. Der Drang nach Expansion und der Wunsch, Ideen zu entwickeln, ist in dieser Verbindung sehr stark ausgeprägt; eine eigene Familie mag hier als zu große Einschränkung gesehen werden. Der Composit-Jupiter scheint zu sagen: »Kette mich nicht an. Gründe eine andere Art von Familie, eine intellektuelle oder eine spirituelle. Lass mir aber Zeit, was eine eigene Familie von Fleisch und Blut angeht. Meine Vision und mein Enthusiasmus würden sonst vielleicht ersticken.«

Dauerhafte Verbindungen

Teilnehmer: Gehen Sie davon aus, dass in einer dauerhaften Verbindung im Composit ein starker Saturn vorhanden sein muss?

Liz: Nicht unbedingt. Alle Planeten haben ihre eigene Form von Stabilität, gemäß ihrem besonderen Wesen. Selbst Uranus kann absolute Loyalität für ein Ideal bedeuten; wenn uranische Beziehungen häufig auf der konkreten Ebene auch etwas Exzentrisches haben, können sie sich doch als dauerhaft und stabil erweisen, vorausgesetzt, die Partner haben die gleichen Ansichten. Wie dem auch sei – wenn wir »stabil« als Fähigkeit interpretieren, sich selbst in schwierigen Zeiten gegenseitig Beistand zu gewähren, wird der Beziehung durch einen starken Saturn oder Chiron sehr geholfen. Das Vermögen, heikle Phasen durchzustehen, kommt im Composit häufig durch Trigone, Sextile und Konjunktionen zwischen Sonne und Saturn zum Ausdruck sowie durch Mond-Saturn-Aspekte wie dem Composit-Trigon von Pat und Phil. Manchmal befindet sich auch Saturn im Composit am Aszendenten oder am MC.

Die Quadrate und Oppositionen des Composit-Saturn können ebenfalls eine bindende Wirkung haben, allerdings ein Gefühl der Beschränkung erzeugen. Sie mögen die Partner aneinander binden; es kommt dann allerdings darauf an, wie sie mit dem Gefühl der Beschränkung umgehen können. Allerdings kann auch das Composit-Sextil zwischen Sonne und Saturn auf denjenigen einengend wirken, der sehr jupiterbetont ist. Dasselbe lässt sich vom Composit-Chiron sagen. Chirons Aspekte im Composit können eine Haltung anzeigen, die angesichts von Leid und Unglück Beharrungsvermögen erkennen lässt. Der romantische Idealist aber wird selbst das Composit-Trigon zwischen Sonne und Chiron außerordentlich schwierig finden.

Saturn und Chiron sind die beiden Realisten im planetarischen Göttertempel. Sie wissen, dass das Leben hart ist und dass man nichts geschenkt bekommt. Sie wissen auch, dass die Suche nach der perfekten Liebe fruchtlos ist. Sie sind häufig stark gestellt in Composit-Horoskopen, bei der die Partner vielerlei Härten und konkrete Probleme überwunden haben; und sie können ein tief verwurzeltes Verantwortungsgefühl anzeigen. Viele Beziehungen haben auch ohne derartige Aspekte Bestand, wofür dann andere Gründe anzuführen wären. Verbindungen können Bestand haben, weil es zwanghafte Leidenschaften gibt (dies wären plutonisch geprägte Composite) oder weil gemeinsame moralische, politische oder spirituelle Überzeugungen existieren (neptunisch und uranisch geprägte Composite). Eine machtvolle Stellung der Venus oder des Mondes im Composit bedeutet meist Stabilität, weil sie ein positives Gefühl anzeigt oder den Eindruck vermittelt, ein »Zuhause« gefunden zu haben. Vielleicht überlebt die Beziehung aber auch nur deshalb, weil es zu beschwerlich wäre, sich zu trennen. Bei einem starken Composit-Saturn dagegen hat man den Eindruck, dass es sehr viel brauchen würde, um die Partner auseinander zu bringen, sogar dann, wenn es in der Beziehung große Probleme geben sollte. Diese Verbindungen haben etwas extrem Beharrliches, auch wenn keiner der Partner besonders saturnisch ist oder wenn beide manchmal der Ansicht sein sollten, besser Schluss zu machen.

Es ist interessant zu sehen, wie zwei flatterhafte Wesen durch einen starken Composit-Saturn aneinander gebunden werden können. Zwei ewige Kinder verlieben sich Hals über Kopf ineinander – sie suchen aber meist eher nach einer Affäre als nach Stabilität, und wenn sich das erste Probleme abzeichnet, ist alles vorbei. Und dann ergibt sich eine Beziehung, in der die Composit-Sonne in Konjunktion zu Saturn steht oder der Composit-Saturn auf dem Aszendenten hockt. Ob das, was die Partner aneinander bindet, nun aus äußerlicher Verantwortung oder einem erst jetzt entdeckten Bedürfnis nach Sicherheit resultiert – es ist ihnen nun nicht mehr möglich, sich wie zuvor einfach aus dem Staub zu machen, wie sehr sie auch jammern und klagen mögen. Das Gleiche kann auf das Composit mit einem starken Saturn zwischen Elternteil und Kind zutreffen. Manche Menschen fühlen sich niemandem verpflichtet, bis sie ein Kind bekommen – und dann erleben sie eine so starke Bindung, dass sie sich vollständig transformieren. Ich glaube nicht, dass das für alle Mütter und Väter gilt; und andere wiederum bringen es nicht zum Ausdruck, obwohl sie etwas Derartiges fühlen. In der Tierwelt werden die Jungen sofort allein gelassen, wenn sie für sich überleben können. Ein Elternteil mag sein Kind lieben und dabei dieses schwere saturnische Gefühl einer unlösbaren Bindung empfinden – das Composit zwischen Kind und Vater oder Mutter könnte in diesem Fall Saturn in einem Eckhaus oder im Aspekt zu Sonne oder Mond aufweisen. Oder aber der Composit-Saturn fällt im Radix auf die Sonne oder den Mond, oder Sonne oder Mond aus dem Composit fallen auf den Radix-Saturn.

Teilnehmer: Wirkt es nicht hemmend, wenn im Composit der Mond in Konjunktion zu Saturn steht?

Liz: In dem Sinn, dass diese Beziehung kein ewiges dionysisches Fest voller emotionaler Ekstase ist, ja. Mond-Saturn kann aber eine sehr dauerhafte emotionale Verbindung anzeigen. Mond-Saturn-Menschen sind nicht so spontan im emotionalen Ausdruck wie die Mond-Jupiter-Person. Das Paar mit einer Composit-Konjunktion zwischen Mond und Saturn weist bei den Emotionen innerliche Beschränkungen auf. Diese Beschränkungen mögen materieller oder psychischer Art sein – entscheidend ist, dass der emotionale Ausdruck mit Problemen verbunden sein kann. Ich habe so etwas manchmal in Compositen von Paaren gesehen, die sehr hart arbeiten mussten oder gemeinsam große Verantwortung trugen. Es mag auch sein, dass wenig Geld zur Verfügung steht oder dass man bei den Eltern leben muss. Manchmal kommt der Aspekt aber tatsächlich auf der emotionalen Ebene zum Ausdruck, in Form einer Beschränkung, die vielleicht mit dem sozialen Hintergrund zusammenhängt oder mit der Haltung der Familie. Mir ist das bei Fällen aufgefallen, bei denen jemand nicht die Person heiraten durfte, die er liebte, sondern zu einer Verbindung mit jemand anderen gezwungen wurde und daraus dann die emotionale Beschränkung hervorging.

Mond-Saturn im Composit kann ein sehr starkes Moment der Bindung bedeuten. Das ist die positive Seite. Und schließlich will ja auch niemand eine Party ohne Ende. Menschen, die vom Element Erde geprägt sind oder in ihrem Radix eine Verbindung zwischen Mond und Saturn, Sonne und Saturn oder Venus und Saturn haben, mögen die Beharrlichkeit und die Beschränkung dieses Composit-Aspektes zu schätzen wissen. Er kann zu einem Gefühl der gegenseitigen Verantwortung führen, das zuvor nicht gegeben war. Diejenigen, die vor dem 2. Weltkrieg geboren wurden, fanden es zumeist selbstverständlich, dass man beim Ehepartner blieb. Das geschah nicht aus religiösen oder finanziellen Erwägungen, es hing mit dem Überlebensinstinkt der Generation mit dem Krebs-Pluto zusammen, der häufig die familiären Bande wichtiger sind als das persönliche Glück. Wenn sich eine Ehe als schlecht erweist, arrangiert man sich damit, denn es geht um die Familie und um die Sicherheit, die sie bietet, und das Überleben, das sie ermöglicht. Dieses Gefühl ist in Mond-Saturn-Menschen häufig sehr stark ausgeprägt: Man findet sich drein und hört auf zu jammern – es gibt schließlich vieles, was schlimmer ist. Besser Stabilität im Unglück als eine glückliche Instabilität. In der Tat kann Mond-Saturn im Composit hemmend wirken, wie Mond-Chiron auch. Er kann aber auch dazu beitragen, dass die Beziehungen harte Zeiten übersteht.

Teilnehmer: Wie verhält es sich mit Saturn und Venus?

Liz: Genauso. Bei Pat und Phil ist der Orbis zwar ziemlich groß, die Opposition zwischen Saturn und Venus ist aber noch wirksam. Der Aspekt könnte mit dem zusammenhängen, was Pat über die religiösen und philosophischen Probleme gesagt hat, die die Beziehung beeinträchtigten. Der Composit-Saturn dämpft den Ausdruck der Composit-Venus, bewirkt aber gleichzeitig eine sehr intensive Bindung. Außerdem kommt ein starker Sinn für Loyalität und Verantwortung zum Tragen.

Teilnehmer: Es handelt sich um eine sehr sinnliche Composit-Venus.

Liz: Ja, und sie ist zudem sehr sicherheitsorientiert. Die Beschränkungen durch den Composit-Saturn mögen gewisse Schwierigkeiten mit sich bringen – die beiden haben vielleicht das Gefühl, dass sie allzu viel arbeiten müssen und nur wenig Zeit haben, sich zu vergnügen. Wie ich bereits sagte, kann dieser Aspekt aber auf die Beziehung sehr bindend wirken und zum gemeinsamen Wunsch führen, etwas Dauerhaftes zu schaffen.

Mars-Saturn-Aspekte im Composit

Teilnehmer: Wie steht es mit Mars-Saturn im Composit? Ist das ein bindender Faktor?

Liz: Mars-Saturn ist emotional nicht bindend, weil Mars nichts mit Bindung zu tun hat. Mars-Saturn im Composit kann frustrierend sein. Sehr viel hängt auch davon ab, welche Zusammenhänge zu den beiden Radix-Horoskopen bestehen. Der Spannungsaspekt im Composit kann in einem oder sogar in beiden Partnern viel Ärger aufsteigen lassen, wenn das oder die Radix-Horoskope angesprochen sind. Der Composit-Mars beschreibt die Energie der Beziehung – wie sie sich fortbewegt. Die Sonne im Radix-Horoskop sagt: »Ich möchte dieses oder jenes, um mich selbst zu verwirklichen«, und Mars dient ihr und macht sich auf, ihr das Gewünschte zu verschaffen. Dasselbe trifft auf das Composit zu: Der Composit-Mars dient den

Zwecken der Composit-Sonne. Er beschreibt die Weise, wie sich die Beziehung ihren Platz in der Welt erkämpft. Ein Waage-Mars zum Beispiel reagiert sehr stark darauf, wie andere gegenüber der Beziehung eingestellt sind. Er verfolgt seine Ziele auf eine diplomatische, keine aggressive Art. Das Composit von Diana und Charles mit der Composit-Konjunktion von Mars und Neptun in der Waage ist hierfür ein gutes Beispiel. Die Meinung der Mitmenschen hat eine große Wirkung auf den energetischen Fluss in der Verbindung. Der »Wille« der Beziehung kommt nicht direkt zum Ausdruck.

Wenn der Composit-Saturn den Composit-Mars herausfordert, gibt es innerliche Beschränkungen, die die dynamische Energie der Beziehung beeinträchtigen. Das könnte zum Beispiel ganz einfach bedeuten, dass das Vorhandensein von Kindern den sexuellen Ausdruck des Paars hemmt. Saturnische Beschränkungen können auch die Form materieller Schwierigkeiten oder der Mitarbeit an wichtigen Projekten annehmen, was den spontanen Ausdruck von Energie behindert. Oder aber die psychologischen oder materiellen Altlasten, die das Paar aus der Vergangenheit geerbt hat, beeinträchtigen den Fluss der Energie. Eine solche Beziehung erreicht ihre Ziele langsam und nur mit viel Arbeit. Wir haben dafür bereits ein Beispiel bei der applikativen Konjunktion des progressiven Composit-Mars zum Composit-Saturn zur Zeit von Charles und Dianas Hochzeit gesehen. Wie ich immer wieder sage: Es kommt sehr darauf an, was in einem solchen Fall in den individuellen Horoskopen ausgelöst wird.

Teilnehmer: Könnte dies ein Hinweis auf Gewalt in der Beziehung sein?

Liz: Eine Beziehung kann nicht gewalttätig werden. Menschen werden gewalttätig. Wenn wir dieses Horoskop betrachten, könnten wir vermuten, dass die Energie der Beziehung auf die eine oder andere Weise zurückgehalten wird. Der Vorwärtsbewegung, dem Drang nach Fortschritt und jeglichem Ausdruck von Leidenschaft sind innerliche Grenzen gesetzt. Die

Energie muss diszipliniert und innerhalb von Grenzen gehalten werden. Diese Grenzen sind näher beschrieben durch das Haus und das Zeichen Saturns. Spannungsaspekte zwischen Mars und Saturn im Composit aber lassen nicht darauf schließen, dass es in der Verbindung gewalttätige Ausbrüche gibt. Beziehungen »fühlen« keine Wut aufsteigen, wenn ihnen jemand einen Strich durch die Rechnung macht.

Wenn die Composit-Verbindung zwischen Mars und Saturn etwas potenziell Explosives in einem der Radix-Horoskope auslöst, könnte sich die betreffende Person versucht fühlen, die Hindernisse auf eine gewalttätige Weise aus dem Weg zu räumen. Für sich allein betrachtet, besagt dieser Aspekt im Composit lediglich: »Die Höchstgeschwindigkeit dieses Autos ist begrenzt, egal, wie stark man aufs Gaspedal tritt.« Wie Sie vielleicht wissen, haben einige Modelle der Oberklasse eingebaute elektronische Geschwindigkeitsbegrenzer; diese Autos können niemals ihre potenzielle Höchstgeschwindigkeit erreichen. Das mindert nicht ihren Wert – wenn man nicht wild entschlossen ist, mit 260 Stundenkilometern über die Autobahn zu rasen. In diesem Fall sollte man ohnehin besser auf eine Rennstrecke fahren. Die Beziehung mit einer Composit-Verbindung zwischen Mars und Saturn hat etwas davon.

Uranus-Chiron im Composit

Teilnehmer: Könnten Sie uns etwas zu Uranus in Opposition zu Chiron sagen? Dieser Aspekt ist auch im Composit von Pat und Phil vorhanden.

Liz: Dies ist ebenfalls ein Generations-Aspekt. Weil Chiron eine elliptische Bahn hat – wie Pluto auch –, bewegte er sich sehr langsam durch den Steinbock. Deshalb wurden viele Menschen unter seiner Opposition zum Krebs-Uranus geboren. Die idealistische Vision einer Welt, die durch die Transformation der traditionellen familiären Bande zu einer besseren werden soll

(Uranus im Krebs), wird herausgefordert durch das Gefühl eines nicht wieder gutzumachenden Schadens durch den Missbrauch von Autorität, durch die Weltverdrossenheit und Desillusionierung einer Gesellschaft, die auf Status, Materialismus und Hierarchien fixiert ist. Weil Pat und Phil bald nacheinander geboren wurden, symbolisiert ihre Beziehung einen der wichtigsten Konflikte ihrer Generation. Ihr Composit weist sogar ein T-Quadrat auf: Von der Chiron-Uranus-Opposition vom 12. zum 6. Haus gehen Quadrate zu Neptun und Saturn an der Spitze des 9. Hauses aus. Das T-Quadrat ist Teil der Herausforderung und Aufgabe der Generation, der Pat und Phil angehören.

Teilnehmer: Uranus steht dazu noch im Sextil zu Merkur, Sonne und Mars.

Liz: Ja, es handelt sich um eine »Drachen«-Figur mit einem Großen Trigon im Element Erde. Wollen Sie versuchen, das zu interpretieren?

Teilnehmer: Ich denke, der Composit-Uranus spiegelt den Wassermann-Aszendenten beziehungsweise die »New Age«-Prägung dieser Beziehung wider: zusammen in einem Buchladen arbeiten und Astrologie studieren. Das ist sehr gut umgesetzt. So können sie sich auf den Zweck der Beziehung konzentrieren. Und damit kann die Sonne im 4. Haus auch spiritueller werden und weniger häuslich im konventionellen Sinn, wenn Sie wissen, was ich meine.

Liz: Ich weiß, was Sie meinen. Der Composit-Uranus, der Herrscher des Horoskops, unterstützt den Composit-Merkur und die Composit-Sonne, und zwar auf eine innovative und ungewöhnliche Art. Er bringt kreative Inspiration durch eine Form von gemeinsamer Tätigkeit (6. Haus) – die »Arbeit«, die diese Beziehung in der mundanen Welt »verrichtet«. Dadurch wird nicht nur die Composit-Sonne in den Blickpunkt gerückt, sondern auch Chiron ins Bewusstsein gehoben. Ansonsten könnte dieser im Familien-Mischmasch untergehen, was bei einer Stellung im 12. Haus immer möglich ist, und dann später viel Ärger verursachen. Es ist so, als ob fortwährend irgendetwas Chiron nach außen drängt, sodass Pat und Phil darüber reden und nachdenken und daran arbeiten müssen. Chiron ist es nicht gestattet, unter der Oberfläche liegenzubleiben.

Pat: Es gibt Themen, die Phil mit seiner Familie durcharbeiten musste, und es gibt welche, die ich bei meiner zu klären hatte. Wir haben viel miteinander darüber gesprochen. Seit der Laden uns gehört, haben wir ein Betätigungsfeld, das nichts mit der Familie zu tun hat. Damit können wir uns von ihr losmachen.

Liz: Bitte beachten Sie, dass der Composit-Uranus auf Pats Radix-Sonne im 3. Haus steht, mit einem Orbis von weniger als einem Grad. Diese Beziehung erweckt Sie, Pat. Sie inspiriert Ihr Denken, Ihre Art zu kommunizieren und Ihren Selbstausdruck. Sie hat Ihnen eine Menge Dinge klar gemacht. Sie haben mit einer Therapie angefangen, jetzt haben Sie einen Buchladen gekauft. Der Composit-Uranus hat Sie auf der mentalen Ebene wach gemacht und Ihre Sonne im 3. Haus mit Leben erfüllt.

Vom Composit-Horoskop aus gibt es zu Pats Sonne und Aszendent ähnlich genaue Konjunktionen. Auch zum Radix von Phil sehen wir starke Aspekte – das Auffälligste aber sind diese exakten Konjunktionen zu Pats Horoskop. So etwas lässt sich in wichtigen Beziehungen häufig beobachten. Wir haben es zuvor schon im Composit von Charles und Diana gesehen. Jetzt will ich etwas dazu sagen, wie das Composit auf das Horoskop von Phil einwirkt. Der Composit-Mars in der Jungfrau steht exakt an seinem MC. Die Energie der Beziehung lässt seine weltlichen Ziele schärfer hervortreten und stimuliert seinen Wunsch nach beruflicher Anerkennung. Und der Composit-Chiron befindet sich an Pats MC. Das unglückselige Erbe aus der Vergangenheit bedeutet auch für Pat eine Konzentration auf das Weltliche und fordert sie dazu auf, etwas zu tun, das einen Einfluss auf andere hat. Es gibt machtvolle Anregungen vom Composit aus zu beiden MC-Stellungen. Dies unterstreicht, wie wichtig Arbeit für Sie ist, sowohl für Sie als Paar wie als Individuen.

Teilnehmer: Was wäre, wenn es sich nicht um Konjunktionen handelte, sondern um Quadrate?

Liz: Damit wären die Auswirkungen etwas unbequemer. Wenn der Composit-Uranus im exakten Quadrat zu Pats Sonne stünde, würde er sie immer noch erwecken, aber wahrscheinlich auf eine rauere Weise. Sie würde das als Konflikt wahrnehmen. Die Beziehung würde in die eine Richtung laufen und sie könnte versucht sein, in eine andere zu gehen. Und vielleicht würde es darüber zum Kampf kommen. Das könnte sich auf eine Art manifestieren, die sie als sehr störend und schmerzhaft empfinden würde. So etwas muss nicht von vornherein schlecht sein, es sorgt aber für mehr Spannung und Angst.

Teilnehmer: Es gibt so viele starke Aspekte zwischen dem Composit und den beiden Radix-Horoskopen. Wie treffen Sie die Auswahl? Aufgrund des Orbis?

Liz: Aspekte zwischen Composit und den Radix-Horoskopen spiegeln wider, welchen Einfluss die Beziehung auf beide Partner hat und wie weit sich beide auf die Beziehung einlassen und sich mit ihr identifizieren. Ob es sich bei dem Aspekt nun um ein Sextil, Trigon, eine Konjunktion, ein Quadrat oder eine Opposition handelt – bei einem Orbis von weniger als einem Grad ist er sehr machtvoll. Bei dem herkömmlichen Synastrie-Vergleich beschäftigen wir uns zunächst ebenfalls mit den engen Aspekten; je weiter der Orbis, desto schwächer die planetarische Verbindung. Wir müssen aber auch in Betracht ziehen, um welchen Planeten es geht. Ein genaues Sextil zwischen dem Composit-Neptun und dem Radix-Pluto des einen Partners wird aller Wahrscheinlichkeit nach kein Feuerwerk auslösen – das Sextil zwischen diesen beiden Planeten war schließlich den größten Teil dieses Jahrhunderts über am Himmel zu sehen, weshalb es in vielen Compositen enthalten ist. Dass dann das Sextil zum Radix gegeben ist, kommt sehr häufig vor. Wenn allerdings Composit-Planeten im Radix Achsen oder persönliche Planeten wie Sonne, Mond, Venus oder Saturn auslösen, sollten wir alle Hauptaspekte sorgfältig untersuchen, selbst bei einem weiten Orbis.

Teilnehmer: Könnten Sie etwas dazu sagen, wie Ihrer Meinung nach die gemeinsame Arbeit von Pat und Phil aussehen könnte? Manche Paare führen eine wunderbare Beziehung, können aber nicht zusammen arbeiten. Bei den beiden scheint es anders zu sein.

Liz: Das Große Composit-Trigon im Element Erde aktiviert das MC von beiden – insofern vermag die Beziehung in beruflicher Hinsicht beide zu fördern und zu stimulieren. Das muss nicht heißen, dass sie tatsächlich zusammenarbeiten müssen. Das 10. Haus im Composit ist leer, insofern ist diese Beziehung nicht darauf aus, die Gesellschaft zu beeindrucken. Manche anderen Composite dagegen weisen ein sehr reich besetztes 10. Haus auf. Ich denke, es ist klar, dass man in einem solchen Fall der Welt etwas beweisen muss. Im Fall der Erdzeichen geht es um etwas Praktisches, bei Luft um etwas auf der Ebene der Ideen, bei Feuer um die Einstellung zur Kreativität und bei Wasser um das Feld des zwischenmenschlichen Austausches. Eine vom 10. Haus geprägte Beziehung hat das Potenzial, die bestehenden Verhältnisse zu beeinflussen, und häufig ist ein gewisser Status für sie typisch. Meist besteht dabei das Bedürfnis nach einer gemeinsamem Arbeit, besonders dann, wenn die Composit-Sonne – der Zweck der Beziehung – im 10. Haus zu finden ist. Selbst dann, wenn die Verbindung aus einer romantischen Affäre hervorging, liegt ihr tieferer Zweck doch darin, der Welt ein dauerhaftes Erbe zu hinterlassen.

Teilnehmer: Wenn man Planeten im Composit am MC hat, heißt das, dass diese auch tatsächlich zum Ausdruck gebracht werden müssen?

Liz: Ja. Composit-Planeten im 10. Haus stehen für eine Beziehung, die etwas Greifbares in der äußerlichen Welt braucht. Beziehungen mit Planeten im 10. Haus sind Schaufenster, und sie werden von anderen registriert. Sie haben ihre Rolle in der Welt und müssen ihren Beitrag leisten. Pats und Phils Composit ist hinsichtlich der gemeinsamen Arbeit nicht eindeutig, weil es keine Planeten im 10. Haus gibt. In Verbindung mit der Arbeit sind allerdings gewisse Probleme angezeigt. Entweder Pat und Phil gehen vollkommen eigenständige Wege, wobei der berufliche Alltag in Konflikt mit dem häuslichen Leben geraten könnte, das sie anstreben (Sonne im 4. Haus im Quadrat zu Pluto im 6. Haus), oder sie transformieren diese Spannung in eine gemeinsame Tätigkeit, die ungewöhnlich und unkonventionell ist (Uranus im 6. Haus) und ein kämpferisches Moment beinhaltet (Pluto im 6. Haus). Sie haben hier die Wahl. Dass sie versuchen, zusammen etwas aufzubauen, bedeutet, dass sie die Intensität von Sonne-Pluto in ihrem Composit durch diesen Kanal zum Ausdruck bringen. Ohne einen solchen Kanal könnte das berufliche Leben zu Konflikten in der Beziehung führen.

Pat: Das war in der Vergangenheit der Fall.

Teilnehmer: Was ist mit einem Composit, in dem es nur Trigone und Sextile gibt? Würden Sie das auf die gleiche Weise wie beim Radix-Horoskop interpretieren?

Liz: Ja. Eine solche Beziehung verfügt über eine innere harmonische Energie, und wahrscheinlich einigen sich die Partner schnell, selbst wenn die beiden Radix-Horoskope viele Spannungsaspekte aufweisen sollten. Es ist wie beim Menschen, der ein »Trigon-Horoskop« hat – in solchen Fällen sind meist innerliche Harmonie und viele Talente charakteristisch. Es kann aber schwer fallen, mit Herausforderungen zurechtzukommen, wie sie von Spannungsaspekten im Transit angezeigt sind. Die natürliche Reaktionsweise besteht nämlich darin, an die schöneren Dinge zu denken und darauf zu warten, dass die Probleme verschwinden. Menschen mit vielen Spannungsaspekten im Horoskop haben den Eindruck, immer kämpfen zu müssen; sie sind aber den Kampf gewohnt und lassen sich weniger von Rückschlägen entmutigen. Die »Trigon-Beziehung« kann problematisch werden, wenn heikle Transite auf das Composit einwirken. Es fällt in diesem Fall womöglich sehr schwer, den notwendigen Kampfgeist zu entwickeln, weil die Beziehung nicht von sich aus über aggressive Energie verfügt.

Teilnehmer: Wie verhält es sich, wenn Saturn durch Sonne oder Mond positiv aspektiert ist?

Liz: Solche Aspekte deuten auf einen starken Drang nach Stabilität hin und auf die Bereitschaft, schwierige Phasen durchzustehen. Sie können auch auf eine Beziehung schließen lassen, in der die Disziplin, die aus den zwangsläufigen Beschränkungen erwächst, ein tragfähiges und dauerhaftes Fundament zu legen hilft. Trigone und Sextile zwischen Sonne und Mond auf der einen und Saturn auf der anderen Seite, ob nun im individuellen Horoskop oder im Composit, bedeuten keine energischen Kämpfer. Sie machen beharrlich weiter, sie behalten ihren Kurs bei und hoffen, dass ihre Mühen und Anstrengungen schließlich Erfolg haben werden. Manchmal klappt das. Einsatz allein ist allerdings zu wenig, es kommt auch auf die Kreativität an, was den oder die Betreffende manchmal dazu bringt aufzugeben.

Die Spannung, die von Quadraten und Oppositionen erzeugt wird, bringt nicht nur Ausdauer, sondern auch Initiative. Das kann sogar für Spannungsaspekte zu Neptun gelten, vorausgesetzt, der andere Planet hat ein festes Fundament und wird nicht von Neptuns Sehnsucht, nach Hause zu kommen, überwältigt. Die Schwierigkeiten im Leben mögen in diesem Fall eine kreativere Antwort erfordern als ein hartnäckiges Weitermachen. Viele Spannungsaspekte im Composit bedeuten nicht, dass die Beziehung eine »schlechte« wäre oder dass sie beim ersten heiklen Transit enden wird. Sie kann im Gegenteil in den Partnern sehr viel Energie aktivieren und zu einer kreativen Umgehensweise führen, über die sich beide möglicherweise zuvor nicht im Klaren waren. Wenn die Partner sich ihrerseits durch viele Trigone auszeichnen und etwas Schönes und Einfaches erwartet hatten, ist dagegen viel Verwirrung, Enttäuschung und Wut denkbar.

Es ist überaus interessant zu sehen, wie Beziehungen auf Krisen reagieren. Der einzelne Mensch hat ein großes Spektrum an Reaktionsweisen zur Verfügung, gemäß seines Horoskops und des Maßes von Bewusstheit, das er der Situation entgegenbringt. Wenn aber eine Beziehung in Schwierigkeiten steckt, geben die Partner womöglich ihre normalen Reaktionsweisen auf und antworten gemäß dem Wesen des Composits auf die Probleme. Dem Composit ohne Spannungsaspekten mag – wie dem gleich gearteten Radix auch – die Flexibilität fehlen, mit einem problematischen Transit oder einer heiklen Progression zurechtzukommen. Weil im Allgemeinen alles bestens und wie von selbst läuft, kann es schockierend wirken, wenn sich das Leben mit seinen Härten bemerkbar macht. Wenn man die Krise durchsteht, ist später aber der Zustand der Behaglichkeit wieder möglich. Manche Beziehungen allerdings zerbrechen einfach deshalb, weil weder das Composit noch die Partner stark genug sind und aktiv werden können, was mit Spannungsaspekten möglich wäre.

Die Composit-Sonne in den Häusern

Die Composit-Sonne im 7. Haus

Teilnehmer: Was bedeutet die Composit-Sonne im 7. Haus?

Liz: Wofür steht diese Stellung im individuellen Horoskop?

Teilnehmer: Nach einer anderen Person suchen, durch die man sich selbst finden kann.

Liz: Ja, jemand mit der Sonne im 7. Haus braucht die Mitmenschen, die als Spiegel dienen, um sich als eigenständige Identität fühlen zu können. Man existiert gewissermaßen nur in der Beziehung zu anderen. Das eigene Potenzial kann nur durch und für andere zum Ausdruck kommen. Dann wird man wirklich lebendig, und auf diese Art kann man seinen Lebenskräften am besten Ausdruck verleihen. Das ist der Grund, weshalb diese Menschen sich erfüllt fühlen, wenn sie mit anderen zusammenarbeiten, das ist ihre Berufung. Diese Stellung ist typisch für Psychoanalytiker. Sowohl Freud als auch Jung hatte die Sonne in diesem Haus. Man nimmt sich wahr in der Spiegelung durch andere und hilft wiederum anderen, sich wahrzunehmen, indem man ihnen als Spiegel dient. Die Beziehung mit der Composit-Sonne im 7. Haus braucht zur Stimulation ihrer Lebenskraft andere Menschen. Sie besteht für und durch andere, und sie hat ihnen viel zu geben. Die Sonne im 7. Composit-Haus kann auf ein Paar hindeuten, das Freunde um sich herum haben muss oder eine Arbeitsatmosphäre mit Kollegen braucht, die der Beziehung ein Identitätsgefühl verleiht, durch das sie anderen etwas geben kann. Wenn es keinen solchen Spiegel gibt, mögen sich die Partner fragen: »Wer sind wir? Weshalb sind wir eigentlich zusammen?«

Teilnehmer: Wie steht es mit Kindern? Könnten Kinder das sein, was ein solches Paar braucht?

Liz: Nicht wirklich. Kinder sind nicht »andere« genug. Die Composit-Sonne im 7. Haus blickt über den Kreis der unmittelbaren Familie hinaus. Natürlich existiert keine Beziehung in einem Vakuum, jede Verbindung umfasst ein bestimmtes Maß an Austausch. Meistens ist dies ein Austausch mit Familienmitgliedern und mit Freunden. Es gibt für jede Beziehung aber auch noch andere Menschen. Wir verbinden uns nicht mit jemandem und verschwinden dann irgendwo in einer Höhle. Allerdings hätte vielleicht ein Paar mit allen Planeten im 12. Haus seine Freude daran, allein auf einer abgelegenen Insel zu leben.

Bei der Composit-Sonne im 7. Haus ist es anders. Die Anteilnahme an anderen ist hier von grundlegender und zentraler Bedeutung. Die Beziehung erhält ihre Energie durch die Einwirkung der Außenwelt – was sowohl eine positive als auch eine negative Seite hat. Ihre Energie fließt nur dann effektiv, wenn sie an der Außenwelt Anteil nehmen kann. Wenn die Sonne oder der Herrscher des Composits sich im 7. Haus befindet, sind andere Menschen von besonderer Bedeutung für die Beziehung. Wie bei allen Stellungen ist die Sonne in diesem Haus nicht »gut« oder »schlecht«, sie bringt nur etwas über den Zweck der Verbindung zum Ausdruck. Es mag ein zwanghaftes Bedürfnis bestehen, andere Leute um sich zu haben, das die Partner in vorigen Verbindungen nicht empfanden. Meist ist es so, dass andere sehr deutlich an der Beziehung Anteil nehmen. Deren Erfüllung hängt von anderen ab – insofern ergeben sich die wichtigsten Vorfälle und Erfahrungen, die die Beziehung prägen, durch die Einwirkung von anderen, weniger durch die Partner selbst.

Teilnehmer: Spielt es für die Composit-Sonne im 7. Haus eine Rolle, welchen Eindruck die Beziehung macht?

Liz: Das wäre eher kennzeichnend für die Composit-Sonne im 10. Haus, für die das Bild in der Öffentlichkeit zählt. Das 7.

Haus hat zu tun mit dem Bedürfnis, sich in anderen zu spiegeln. Es ist das Waage-Haus. Es ist so, als ob die Partner sich ihrer Beziehung erst dann sicher sind, wenn ein Mitmensch ihnen sagt: »Ihr seid ein Paar.«

Wie Robert Hand in seinem bereits erwähnten Buch geschrieben hat, geht mit der Composit-Sonne im 7. Haus eine Neigung zur Heirat einher. Meine Beobachtungen bestätigen das, was Liebesbeziehungen betrifft. Ich würde es aber nicht dabei bewenden lassen – die Heirat symbolisiert eher das Resultat als das Motiv, das dahinter steckt. Außerdem sind nicht alle Beziehungen mit der Composit-Sonne in diesem Haus Liebesbeziehungen. Die Composit-Sonne im 7. Haus braucht andere Menschen, die die Beziehung anerkennen. Die anderen bilden den Brennpunkt sowie den eigentlichen Zweck dieser Verbindung. Mit der Hochzeit wollen die Partner – unter anderem – zeigen, dass sie eine Beziehung eingegangen sind; sie stellt eine soziale wie auch persönliche Aussage dar. Wenn wir eine Affäre nach der anderen eingehen oder ohne Trauschein »wild« mit jemandem zusammenleben, mag die Umgebung die Verbindung nicht als reale, gültige Wesenheit sehen. Der Wunsch der Composit-Sonne zu heiraten basiert nicht auf romantischen Gründen, sondern auf dem Bedürfnis, dass die Beziehung von anderen anerkannt wird.

Teilnehmer: Die Beziehung ohne einen solchen Heiratswunsch hat im Gegensatz dazu vielleicht die Sonne im 5. Haus.

Liz: Möglicherweise. Viele Menschen fühlen sich als Teil einer Beziehung, ob nun mit Trauschein oder ohne. Die Meinung und Einwirkung von anderen hat kaum einen Einfluss darauf, wie sie selbst die Verbindung sehen. Deren Identität und Zweck hängt nicht von der Rückmeldung der Außenwelt ab. Andere Menschen wiederum fühlen sich erst dann als Paar, wenn ihnen von außen die Gültigkeit ihrer Verbindung bescheinigt wird. Beziehungen sind verschieden, wie die Menschen auch. Es gibt welche, die sehr stabil sind, obwohl beide Partner ein eigenständiges Leben führen und in intellektueller, kreativer oder sogar sexueller Hinsicht ihren eigenen Weg gehen. Selbst das muss eine Verbindung nicht infrage stellen, wenn die Partner sich der Beziehung gewiss sind. Andere Paare wiederum brauchen viel Rückmeldung; sie müssen von den Mitmenschen als Paar wahrgenommen werden und mit ihnen als Paar kommunizieren, bevor sie sich wirklich zusammengehörig fühlen. Die Composit-Sonne im 7. Haus kann diese Neigung zum Ausdruck bringen.

Composit-Sonne im 10. Haus

Teilnehmer: Das 10. Haus hat mit dem Bild in der Öffentlichkeit zu tun. Besteht da nicht auch ein Zusammenhang zu den Mitmenschen?

Liz: Ja, das 10. Haus hängt mit unserer Stellung in der Öffentlichkeit zusammen. Was aber noch wichtiger ist: Es ist das Haus unserer Ziele und Hoffnungen. Unser Bild in der Öffentlichkeit ist das Resultat und nicht die Ursache dieser Ziele und Hoffnungen. Im individuellen Horoskop bringt das 10. Haus nicht nur zum Ausdruck, welchen Eindruck die Person auf die Welt macht, sondern auch, was sie der Welt geben möchte. Im Composit steht dieses Haus für die »Berufung« der Beziehung. Es ist das Steinbock-Haus; Planeten in ihm streben danach, Potenziale in einer konkreten Form in der äußerlichen Welt zu manifestieren. Die Beziehung mag, wie der einzelne Mensch auch, das Bedürfnis spüren, etwas Konkretes zu erschaffen, etwas Nützliches, das von der Welt anerkannt wird. Die Composit-Sonne im 10. Haus kann auf eine machtvolle Rolle in der Öffentlichkeit hindeuten, weil ein solches Paar den Drang hat zu zeigen, dass es etwas leisten kann und etwas beizutragen hat.

Eine solche Composit-Sonne muss der Welt ihren Stempel aufdrücken. Es handelt sich um eine ehrgeizige Beziehung – nicht im persönlichen, menschlichen Sinn, sondern im Hinblick darauf, in der Gesellschaft ein bestimmtes Ziel zu verfolgen. Ihre Rückmeldung bezieht diese Composit-Sonne aus dem Respekt und der Anerkennung der Mitmenschen für das, was die Verbindung geleistet hat. Aber auch ohne diese Rückmeldung wird das Bestreben, etwas zu erschaffen, immer zum Ausdruck kommen. Insofern kann diese Stellung bei den Partnern Ehrgeiz, besondere Fähigkeiten und den Wunsch, einen Beitrag zu leisten, hervorrufen – was bei ihnen für sich allein möglicherweise nicht der Fall gewesen wäre.

Composit-Sonne im 8. Haus

Teilnehmer: Inwiefern unterscheidet sich die Composit-Sonne im 7. von der im 8. Haus?

Liz: Die Sonne im 8. Haus des Composits bedeutet Zurückgezogenheit, wie im Radix auch. Man stellt nicht zur Schau, was man darin hat, sondern zeigt es allenfalls hinter vorgezogenen Gardinen. Eine Ebene des 8. Hauses ist die Verbindung zu der unbewussten Dimension des Lebens, zum verborgenen Ursprung, der sich aus überlieferten emotionalen Mustern nährt. Das 8. Haus stellt darüber hinaus das Tor zur Unterwelt dar, dem Ort des Übergangs, an dem wir feststellen müssen, nicht Herr unseres Lebens zu sein, sondern archaischeren, ursprünglicheren Bedürfnissen und Mustern zu unterliegen, die umfassender und älter sind als jeder Mensch. Diese Bedeutung entspricht der im Composit. Der Zweck der Composit-Sonne im 8. Haus liegt darin, Licht in die Unterwelt zu bringen und eine Verbindung zu der verborgenen Seite des Lebens herzustellen, in der unter der Oberfläche des »normalen« Zusammenseins zwanghafte Muster am Werk sind. Das Paar mit einer solchen Composit-Sonne muss diesen anderen Bereich anerkennen, so wie es der Mensch mit der Sonne im 8. Radix-Haus tun muss. Man ist aufgefordert, sich der unsichtbaren Seite des Lebens bewusst zu werden. Und vielleicht wird man dabei zu dessen

Medium oder Sprachrohr und erfährt bei diesem Prozess eine Transformation.

Der Mensch mit der Sonne im 8. Haus hat möglicherweise seinen Teil an den charakteristischen plutonischen Ausbrüchen erlebt, vielleicht insbesondere durch emotionale Krisen, die die persönliche Wahrnehmung der Realität veränderten und zur Verbindung mit der tieferen Intelligenz führten, die im Leben wirkt. Der Zweck der Sonne im 8. Haus – ob nun im Radix oder im Composit – liegt darin, diesen Bereich zu erkunden und sich dadurch unwiderruflich zu verändern. Die Beziehung mit der Sonne in diesem Haus beginnt häufig in aller Unschuld, um dann gezwungen zu sein, durch eine Krise eine neue Wahrnehmung zu entwickeln. Zumeist sind beide Partner gefordert, sich dieses Bereichs durch die Beziehung bewusst zu werden, ob sie nun von ihrem Radix-Horoskop her dazu geneigt sind oder nicht.

Teilnehmer: Könnte diese Stellung eine Beziehung anzeigen, die im Verborgenen existiert?

Liz: Das kann sein, das wäre aber auch bei der Composit-Sonne im 12. Haus denkbar – allerdings ist die damit archaischere Haltung eine andere. Das 12. Haus konfrontiert uns nicht mit der plutonischen Phalanx ursprünglicher Erfahrungen: Machtkämpfe, Zerstörungslust, zwanghafte Emotionen und Leidenschaft. Das 12. Haus zwingt uns auch nicht zu der bestimmten Art von Loslassen, wie sie mit dem 8. Haus verbunden ist. Im 12. Haus lösen sich die Dinge auf, im 8. werden sie uns entrissen, worauf man mit Zorn oder mit Demut reagieren kann. Die Composit-Sonne im 8. Haus kann zu obsessiven Mustern führen, die die Partner zur Auseinandersetzung mit emotionalen Problemen zwingen, mit denen sie sich sonst möglicherweise nicht befasst hätten. Gemeinsame Ressourcen in Form von Geld mögen eine Rolle spielen – für gewöhnlich aber sind die Gefühle das Entscheidende, nicht das Geld an sich. Wenn zwei Menschen die Composit-Sonne im 8. Haus haben, kann ihre Verbindung sehr wohl im Verborgenen existieren.

Beziehungen mit der Sonne im 8. oder im 12. Haus oder die Sonne in Konjunktion zu Neptun im Composit sind klassische Hinweise auf eine geheime Verbindung. Das Geheimnis ist aber im 8. Haus mit einem anderen Gefühl verbunden als im 12. Neptunische Geheimnisse schmecken bitter und süß zugleich, begleitet von der Empfindung, ein Opfer zu bringen. Plutonische Geheimnisse dagegen sind von Argwohn und von einer Art »Außenseitertum« gekennzeichnet, was untergründig ein Gefühl der Bedrohung vermittelt und zu einem Ausbruch führen kann.

Teilnehmer: Eine Stellung im 12. oder im 8. Haus des Composit-Horoskops könnte auf spirituelle Themen hindeuten.

Liz: Wenn weitere Faktoren im Composit darauf hinweisen, ja – vielleicht die Sonne in Konjunktion zum Schütze-Jupiter oder die Fische-Sonne im 12. Haus im Trigon zu Uranus oder Neptun im 9. Haus oder der Jupiter in Konjunktion zu Uranus am Übergang vom 8. zum 9. Haus. Das 12. Haus an sich ist nicht notwendigerweise spirituell. Ich habe sogar eine gegenteilige Beobachtung gemacht: Was wir spirituell nennen, hängt häufig eher mit Uranus und Jupiter als mit Neptun zusammen. Neptun ist außerordentlich subtil, und er hat genauso viel mit Verschmelzung und der ewigen Sehnsucht nach der Rückkehr in den Mutterleib wie mit dem Streben nach dem Göttlichen zu tun. Viele Menschen nennen neptunische Sehnsüchte spirituell, weil diese ein Mittel darstellen, dem Leben zu entfliehen. Man kann dem Leben aber auch entfliehen, indem man gesteinigt wird oder sich zu Tode trinkt, was ebenfalls neptunisch ist. Die Sonne im 12. Haus des Composits zeigt nicht unbedingt eine spirituelle Beziehung an, falls nicht die Zeichen oder andere Planeten ebenfalls in diese Richtung weisen.

Teilnehmer: Wie ist es beim 8. Haus mit der plutonischen Transformation? Handelt es sich dabei nicht um eine spirituelle Beziehung?

Liz: Ich bin dem Wort »spirituell« gegenüber außerordentlich misstrauisch, umso mehr, wenn es auf Pluto angewendet wird.

Das Wort spirituell ist wie der Begriff Liebe – es wird in den verschiedensten Bedeutungen benutzt. Seit den Sechziger Jahren ist es zu einer Art Schlagwort geworden. Wenn es verwendet wird, wollen viele Personen eigentlich damit sagen: »Ich komme mit dieser schrecklichen materiellen Welt einfach nicht zurecht. Ich will nach Hause.« Die Art von Transformation, die sich unter plutonischen Aspekten oder bei Planeten im 8. Haus vollzieht, hat nichts Spirituelles im Sinne des Verschmelzens mit einer höheren, transzendenten Quelle. Sehr häufig ist sie das absolute Gegenteil davon: ein Zusammenprall des Egos mit den dunkelsten untergründigen Dimensionen der Realität.

Pluto ist transformativ, weil das Ego die Kontrolle aufgeben muss. Er zerstört unsere Identifikation mit Objekten und der äußerlichen Erscheinung, indem er die zugrunde liegenden verborgenen Muster enthüllt. So verhält es sich auch bei Planeten im 8. Haus. Vergessen Sie nicht, dass das 8. Haus dem 2. Haus gegenüber liegt – welches vom Stier beherrscht wird und das konkreteste und materialistischste von allen ist. Im 8. Haus beginnt alles, was wir für real und stabil hielten – der Körper, die persönlichen Werte und die individuellen Besitztümer –, irgendwann zu bröckeln und durch unsichtbare Kräfte auseinander zu fallen. An diesem Punkt kommt eine andere Realität zum Tragen, die auf der materiellen Ebene nicht wahrgenommen werden kann und die viel größer und machtvoller ist als jeder persönliche Wunsch und Wille.

Diese Realität könnte ganz anders sein als das, was wir spirituell nennen. Es könnte dabei um die zügellosesten ödipalen Gefühle gehen oder um alle möglichen Arten von wilden Leidenschaften, die destruktiv, zwanghaft oder primitiv sind. Zur Transformation kommt es, weil die Auffassung von Realität in allen Facetten geändert werden muss. Man muss nun anerkennen, dass der Mensch sehr viel komplexer ist, als man zuvor gedacht hatte. Man beginnt in die Tiefe zu schauen und entdeckt eine multidimensionale Realität. Und man sieht sich Auge in Auge mit dem, was die Alten *moira* nannten: das Gesetz der

Natur, das allen lebenden Wesen ihren Anteil zukommen lässt, gerecht und unerbittlich. Dies ist an sich bereits zutiefst transformativ. Es muss aber nichts zu tun haben mit dem, was wir spirituell nennen – abgesehen natürlich davon, dass wir uns der zugrunde liegenden Göttlichkeit der Natur selbst bewusst werden.

Teilnehmer: Wir müssen die Dunkelheit durchschreiten, um zum Licht zu kommen.

Liz: Das ist eine philosophische Sichtweise, die anerkannt ist und von vielen Menschen geteilt wird. Ich kann dazu nur sagen, dass es nicht meine Sichtweise ist. Ich glaube nicht, dass wir irgendetwas durchschreiten. Für mich ist das Leben voll von Paradoxen, und die Dunkelheit hat ihr eigenes Licht, so wie Licht auch eine verborgene Dunkelheit umfasst. Ich glaube, dass wir uns eher zu einem Ganzen entwickeln. Wenn ich in Verbindung mit Pluto und dem 8. Haus über Transzendenz reden muss, fühle ich mich immer unwohl. Meine analytische Arbeit hat mich gelehrt, dass nach jeder harten Arbeit, Pluto zu transzendieren, unweigerlich ein schrecklicher Ausbruch folgt oder jemand anderes es auszubaden hat, für gewöhnlich der Partner oder das Kind. Wenn das Paar seinen Pluto im 8. Haus zu transzendieren versucht, kann gerade das die weniger schönen plutonischen Seiten hervortreten lassen. Diese Herangehensweise an Pluto lässt Eiterbeulen platzen, weil sie von Überheblichkeit zeugt. Pluto ist ohne Frage ein Bestandteil unseres animalischen Wesens, er ist unsere Verbindung zum umfassenderen Leben der Natur. Sind wir so arrogant zu glauben, dass wir dieses transzendieren könnten? Warum erkennen wir es nicht als göttlich gemäß seinem eigenen Gesetz an?

Die Composit-Sonne im 8. Haus bedeutet nicht, dass das Paar spirituelle Erfahrungen machen wird oder dass es sich darauf vorbereiten sollte, etwas zu transzendieren. Sie bedeutet, dass früher oder später die Hölle losbrechen wird – weil die Türen zum Bereich des Verborgenen offen stehen. Alles Weitere hängt davon ab, wie das Paar damit umgeht.

Teilnehmer: Ist es eine Beziehung wie »Wer hat Angst vor Virginia Woolf«?

Liz: Möglicherweise. In den meisten Fällen aber liegen die Dinge mehr im Verborgenen. Allerdings sind immer starke Leidenschaften oder dramatische emotionale Erfahrungen damit verbunden. Die Beziehung könnte in beiden Partnern zu einer Art von Tod führen – sie verändert sie auf eine Weisc, die unumkehrbar ist.

Plutonische Composite

Ich musste gerade an ein Paar denken, das ich vor einigen Jahren astrologisch beraten habe. Das Composit wies zwar nicht die Sonne im 8. Haus auf, war aber sehr plutonisch geprägt. In beiden Radix-Horoskopen fiel der Aszendent in den Skorpion, mit einem Abstand von etwa 15 Grad – insofern ergab sich im Composit natürlich ebenfalls ein Skorpion-Aszendent. Die Composit-Sonne stand im Wassermann, in Opposition zu Saturn und Pluto im Löwen. Es gab eine Reihe von sexuellen Problemen und Machtkämpfen und emotionalen Verwicklungen in der Beziehung. Als Pluto im Transit in den Bereich des Composit-Aszendenten im Skorpion kam, erkrankte der Mann an Lungenkrebs. Er hatte in jungen Jahren geraucht, aber bereits vor längerer Zeit damit aufgehört. Pluto stand während der ganzen Zeit seiner Krankheit auf dem Composit-Aszendenten und vollführte seine unvermeidlichen drei Übergänge. Er hatte schon vor geraumer Zeit den Aszendenten der Frau überquert, den des Mannes aber noch nicht erreicht. Als er zum dritten Mal genau auf dem Grad des Composit-Aszendenten zu stehen kam, starb der Mann.

Während der Zeit vor seinem Tod machte er außergewöhnliche Erfahrungen. Das Gleiche galt für seine Frau. Ich würde nicht sagen, dass es spirituelle Erfahrungen waren, abgesehen vielleicht vom Tod selbst, so weit dieser spirituell ist. Das transformative Werkzeug in der Beziehung war die Unausweichlichkeit des Todes und die Machtlosigkeit des individuellen Egos. Die plutonische Betonung des Composits mitsamt weiterer Faktoren führte dazu, dass die intime Seite der Beziehung deutlich hervortrat. Die Frau hatte eine Affäre, der Mann fand es heraus, verließ sie wegen einer anderen Frau und kehrte schließlich zu ihr zurück. Keiner von ihnen verstand, warum all das geschehen musste. Als sie damit anfingen, es zu ergründen, war es zu spät: Seine Erkrankung war bereits ausgebrochen. Ich würde das, was sie durchmachten, kaum in dem Sinne als eine transzendente spirituelle Erfahrung beschreiben wollen, wie man es für gewöhnlich tut. Irgendwie arrangierten sich die beiden schließlich.

Er arrangierte sich mit dem Tod auf eine Weise, die selten ist bei Menschen, die jung und langsam sterben. Nicht jeder stirbt auf eine würdevolle Weise, dieser Mann aber tat es. Er schloss Frieden mit vielem. Es ist eine schwierige Sache, vor der Zeit zu sterben – er war erst 40. Was bedeutet aber andererseits »ein erfülltes Leben«? Hängt das von dessen Dauer ab, oder geht es darum, Frieden zu schließen mit dem, was man ist? Es mag sein, dass es darauf ankommt; und falls dem so ist, hat dieser Mann tatsächlich das Richtige getan. Auch die Frau schloss Frieden, nicht nur mit seinem Tod, sondern auch mit der Beziehung selbst. Es wäre denkbar gewesen, dass viel Bitterkeit und Unversöhnlichkeit, gegenüber ihm wie sich selbst, aufgestiegen wäre oder dass sie sich die Schuld gegeben hätte. Beide änderten sich, auf eine unumkehrbare und, wie ich meine, positive Weise. Ich glaube, dass beide niemals über Transzendenz geredet haben. Das Wort spirituell gehörte nicht zu ihrem Wortschatz.

Man hat es mit einer anderen Dimension des Lebens zu tun, wenn das Composit sehr plutonisch geprägt ist, ob nun durch den Planeten, das Zeichen oder das Haus. Die Beziehung kann eine Tiefe der Erfahrung und des Verständnisses entwickelt haben, die für viele andere unerreichbar ist. Das muss sich nicht auf den Tod im wortwörtlichen Sinn beziehen; auf einer anderen Ebene geht es allerdings durchaus um ihn. Man ist danach nicht mehr derselbe. Das Leben wird größer, tiefer, reicher und furchterregender – nicht notwendigerweise schöner. Man schließt Frieden mit den Dingen; man akzeptiert sie auf eine Weise, die einen denken lässt, dass man bis zu diesem Punkt überheblich gewesen ist. Mit einer Sonne-Pluto-Verbindung im Composit weist die Beziehung eine Tiefe auf, dic im Normalfall vielleicht nicht deutlich wird. In Abhängigkeit von dem, was das individuelle Horoskop anzeigt, kommt der Mensch damit gut oder weniger gut zurecht. Beide Partner, von denen ich sprach, kamen damit zurecht – sie hatten beide den Aszendenten im Skorpion. Beide hatten etwas in sich, das verstehen konnte, worauf Pluto hinauswill.

In manchen Beziehung weisen beide Partner keine plutonische Komponenten auf, sondern nur das Composit. Die Beziehung wird dann Geschehnisse oder Entwicklungen mit sich bringen, von denen die Partner nicht im Traum etwas hätten wissen wollen. Für eine Zeit lang kann das gerade fürchterlich sein und mit ungeheuer schwierigen Erfahrungen zusammenfallen. Ich denke nicht, dass es dann zwingend um eine Transformation geht – allerdings wird deutlich, dass die Beziehung etwas durchzustehen hat. Pluto ist kein Übeltäter; er wirkt nur von einer bestimmten menschlichen Perspektive aus wie ein solcher, weil seine instinktive Weisheit möglicherweise nicht mit dem in Einklang steht, was wir uns individuell erhoffen. Sonne-Pluto-Beziehungen haben etwas Schicksalhaftes. Dabei können sie sehr dauerhaft sein – vielleicht sogar unzerstörbar.

Teilnehmer: Meine Kollegin und ich haben die Sonne in Opposition zu Saturn-Pluto im Composit. Wir wurden beide mit dieser Konstellation geboren, also ist sie auch im Composit vorhanden. Wir arbeiten seit sieben Jahren zusammen, und zwar auf eine sehr intensive Art.

Liz: Wenn diese Konstellation in Ihrem Composit zu finden ist, wird sie prägend für Ihr Leben sein, so lange Sie zusammenarbeiten. Der Sachverhalt, dass Sie beide diese Stellung im Radix haben, bedeutet, dass sie bei Ihnen bereits individuell zum Ausdruck gekommen ist. Damit sollte es sich nicht als allzu schwierig erweisen, mit Machtkämpfen und gegenseitigem Argwohn zurechtzukommen. Sie können nicht erwarten, dass die Beziehung immer die reine Freude sein wird. Manchmal aber wird sie es tatsächlich sein, besonders in intellektueller Hinsicht. Sie wird Ihnen allerdings auch einiges abverlangen.

Teilnehmer: Der Composit-Pluto steht bei uns am Aszendenten. Könnte das transformativ sein?

Liz: Das legt tief greifende Veränderungen bezüglich der äußeren Form und Selbstdarstellung der Beziehung nahe. Sie beginnt als etwas und endet als etwas anderes. Nichts aus der Vergangenheit bleibt, wie es war. Zu einem gewissen Punkt bricht die existierende Form der Beziehung zusammen; es kommt dann zu einer neuen Form, die sich radikal von der alten unterscheidet. Häufig geschieht das auf eine zwanghafte Art, die dem Paar keine Wahl lässt. Menschen mit Pluto am Aszendenten haben oftmals eine Reihe von Inkarnationen hinter sich. Ihr Leben besteht aus verschiedenen Kapiteln, deren Anfang und Ende jeweils deutlich hervorstechen. Ein paar Jahre machten sie dieses oder jenes, übten einen bestimmten Beruf aus, kleideten sich auf eine bestimmte Weise, brachten eine bestimmte Art von Persönlichkeit zum Ausdruck, identifizierten sich mit einem bestimmten Wertesystem. Dann geschah etwas – was vielleicht nicht einmal besonders ins Auge fiel – und sie wurden zu jemand anderem. Sie fügten aus der Asche der alten Persönlichkeit eine neue zusammen. Das frühere Leben ist für immer vorbei, und etwas Neues beginnt – für die nächsten fünf oder zehn oder zwanzig Jahre. Und dann geht es wieder von vorn los.

Bei der Beziehung mit dem Composit-Pluto am Aszendenten sind diese verschiedenen Kapitel ebenfalls typisch. Welche Form sie auch für eine bestimmte Phase angenommen haben mag – irgendwann ist der Punkt der Reife erreicht, woraufhin es zu einer umfassenden Demontage und Neuerschaffung kommt, in einer vollkommen anderen Form. Eine Ehe könnte zu Ende gehen und zu einer Freundschaft werden, eine Freundschaft könnte sich in eine Ehe verwandeln, eine geschäftliche Partnerschaft wird womöglich zu einer leidenschaftlichen Liebesaffäre. Zu irgendeinem späteren Zeitpunkt dann kann sich die Form erneut ändern. Eine Begründung dafür gibt es meist nicht. Man kann schließlich nicht sagen: »Die Ehe endete, weil wir nicht mehr miteinander auskamen, sodass wir beschlossen, Freunde zu bleiben.« Oder: »Die geschäftliche Partnerschaft entwickelte sich, weil wir bei unserer Affäre entdeckten, dass wir gemeinsame berufliche Interessen haben.« Es spielt da noch etwas anderes hinein. Etwas Machtvolles und Leidenschaftliches zwingt dazu, dass es so kommt, wie es kommt.

Persönliche Gefühle bedeuten Pluto nichts. Es ist hier ein tieferes Muster am Werk, und wir erkennen vielleicht niemals, welchem Zweck es letztlich dient – nur so viel: Es dient eher dem Kollektiv als dem Individuum. Irgendetwas sagt: »Die Zeit ist um. Du bist jetzt damit durch.« Das beschreibt die Art und Weise, wie sich Menschen mit Pluto am Aszendenten häufig fühlen.

Teilnehmer: Ich habe Pluto am Aszendenten. Eines Tages musste ich für eine Bewerbung einen Lebenslauf schreiben. Ich hatte fünfmal meine Stellung gewechselt. Jedes Mal war es wie eine neue Inkarnation gewesen. Ich hatte keine Ahnung, was ich schreiben sollte.

Liz: Sie hätten einfach schreiben sollen: »Pluto am Aszendenten.« Man hätte sich dann informieren können. Pluto repräsentiert den machtvollen, instinktiven Drang, das Alte zu zerstören und etwas Neues zu erschaffen – ein Kapitel des Lebens zu beenden und ein neues aus der Asche des alten zu beginnen. Er steht in Verbindung mit dem Überleben – möglicherweise aber ist es das Überleben der Gruppe oder Art und nicht das des Individuums. Pluto am Aszendenten hat eine zutiefst dramatische Qualität. Und wenn Pluto im Composit an diesem Ort steht, existiert dieser Drang zur Zerstörung und Erneuerung der äußeren Form in der Beziehung. Hat vielleicht jemand von Ihnen im Composit Pluto am Aszendenten stehen?

Teilnehmer: Ja. Ich habe meinen besten Freund geheiratet. Wir waren jahrelang die besten Freunde gewesen. Dann wurde es plötzlich anders. Es war so, als sähen wir uns zum ersten Mal.

Liz: Plutos Drang nach Veränderung stammt von einem so abgelegenen Ort, dass für gewöhnlich niemand weiß, warum sich solche Geschehnisse ergeben. Er hat nichts Freiwilliges und basiert nicht auf einer bewussten Wahl. Es gibt ein Gefühl der Zwanghaftigkeit, der Schicksalhaftigkeit, der Unausweichlichkeit. Es muss einfach so kommen; alles ist anders geworden, und man kann nicht zurück. An diesem Punkt müssen die Partner alles in ihrem Leben neu gestalten, weil alle – einschließlich sie selbst – sie als etwas Bestimmtes gesehen haben. Und dann sind sie zu etwas ganz anderem geworden.

Composit-Sonne im 1. Haus

Teilnehmer: Könnten Sie etwas zum Composit mit der Sonne im 1. Haus sagen?

Liz: Die Sonne im 1. Haus des Composit signalisiert eine Beziehung, die einen starken und katalytischen Effekt auf ihre Umgebung hat. Sie besitzt sehr viel »Persönlichkeit«. Beziehungen kommen – wie Menschen auch – in den verschiedensten Aufmachungen daher. Es gibt Menschen, die man nicht wahrnimmt und andere, die man nicht übersehen kann. Es gibt gleichermaßen Beziehungen, die man nicht registriert, und andere, die sofort ins Auge fallen. Das hat mit ihrer Energie zu tun, nicht mit ihrer Erscheinung. Es gibt Paare, die in einen Raum treten und sofort wie durch Magie eine besondere Atmosphäre um sich erzeugen. Sie tun nichts Besonderes, aber an ihrer Energie ist etwas, das Aufmerksamkeit erregt. Jeder betrachtet sie, und alle fühlen sich angezogen. Wohin das Paar auch kommt, verbreitet es das Gefühl, dass etwas Spannendes passiert. Es macht Eindruck und wirkt als ein Katalysator für Veränderung.

Das Paar mit der Sonne im 1. Haus vermittelt dieses Gefühl, ohne dass es ihm bewusst sein muss. Der Zweck der Beziehung ist ein sehr direkter und einfacher: die Umgebung zu erleuchten. Die beiden Partner mögen diesem Zweck für sich allein nicht entsprechen, die Beziehung aber tut es. Das 1. Haus gehört zum Widder, denken Sie also an dessen einzigartige Eigenschaften. Wo immer er losgelassen wird, kommen die Dinge in Bewegung. Wenn die Sonne zur Zeit der Frühlings-Tag-und-Nacht-Gleiche in den Widder läuft, schüttelt die Lebenskraft der Natur jedes Jahr aufs Neue die regressive Apathie des Winters ab. T. S. Eliot hat geschrieben: »Der April ist der grausamste Monat, er lässt Flieder aus dem toten Land wachsen.« Der Widder muss sich um alles kümmern. Er ist dynamisch und erfinderisch und wirkt in seiner Umgebung als Katalysator. Die Composit-Sonne im Haus, das vom Widder regiert wird, hat einen ähnlichen Effekt, egal, in welches Zeichen sie fällt. Die Beziehung selbst mag stabil und friedfertig sein – vielleicht wegen der Composit-Sonne im Stier im Sextil zum Composit-Mond im Krebs. Die Energie der Sonne aber steht allzeit bereit, sie führt zu Bewegung, wo immer das Paar sein mag.

Teilnehmer: Die Composit-Sonne bei mir und meinem Ehemann steht im Steinbock im 1. Haus. Damit wird die Wirkung abgeschwächt, sie sticht nicht sehr hervor.

Liz: Vielleicht. Vielleicht hinterlassen Sie als Paar aber einen kraftvolleren Eindruck, als Sie meinen. Es gibt eine Art von chemischer Reaktion in der Umgebung, wenn im Composit das 1. Haus betont ist. Menschen öffnen sich womöglich, was sie bei anderen nicht tun würden. Manchmal kann das störend sein. Ein Paar geht durch einen Raum, und plötzlich beginnt jemand in aller Öffentlichkeit eine Schlägerei – vor aller Augen. Möglicherweise ist der Eindruck bei der Composit-Sonne im Steinbock weniger augenfällig. Nichtsdestotrotz ist es für gewöhnlich so, dass die Dinge in Bewegung kommen, wenn sich ein Paar mit der Composit-Sonne in diesem Haus nähert. In die Ecken kommt Licht, und Dinge werden energetisiert, die ansonsten möglicherweise im Dunkel verborgen geblieben wären.

Teilnehmer: Es stimmt, dass ständig Leute kommen und um Rat bitten. Das geschieht oft. Die Leute scheinen der Ansicht zu sein, dass wir weise aussehen und kluge Antworten haben oder was auch immer. Es ist sehr komisch. Ich habe es noch nie auf diese Art gesehen.

Composit-Sonne im 6. Haus

Teilnehmer: Wie steht es mit der Sonne im 6. Composit-Haus? Es fällt schwer, darin etwas Spannendes zu sehen.

Liz: Ach, das arme alte 6. Haus. Leider wird es nie genug gewürdigt.

Teilnehmer: Es muss wichtiger sein, als Robert Hand es beschreibt.

Liz: Es ist kein auffälliges Haus. Die Composit-Sonne darin scheint nicht so leuchtend wie am MC oder Aszendent des Composits. Die Energie des Paares kommt meist im Alltag zum Tragen. Bei dieser Composit-Sonne ist es wichtig, in der Gegenwart zu leben. Die Beziehung ist in der Realität der Welt verankert, wie sie sich hier und jetzt darstellt; in den alltäglichen Aufgaben, Ordnung und Harmonie auf der irdischen Ebene des Lebens zu schaffen. Man nennt dieses Haus auch das des Dienstes, und häufig dient ein solches Paar tatsächlich anderen auf eine praktische Weise. Mir fällt da ein Ehepaar mit der Composit-Sonne im 6. Haus ein: Beide sind Ärzte und fühlen die tiefe Verpflichtung, anderen zu helfen. Das 6. Haus steht bekanntlich auch für Heilung; diese Beziehung hat vielleicht den Zweck zu heilen, und zwar nicht nur andere, sondern möglicherweise auch sich selbst. Es kann darüber hinaus eine gemeinsame Liebe zum Handwerk oder zu bestimmten Arten von Tätigkeit geben. Das 6. Haus weist nicht nur auf langweilige Pflichten hin – vergessen Sie nicht, dass es das Merkur-Haus ist. Vielleicht stoßen Sie auch auf Paare wie das, das ich erwähnte, wo beide Partner mit dem Heilen oder dem Dienst an anderen zu tun haben. Vielleicht sind es Handwerker, die zusammen einen Betrieb führen. Oder die Partner leben die Composit-Sonne, indem sie in ihrer Umgebung eine ordentliche und vertrauenswürdige Struktur schaffen.

Mit dieser Stellung ist die Neigung verbunden zusammen zu arbeiten. Die Composit-Sonne im 6. Haus lässt auf eine Beziehung schließen, die etwas Nützliches »tun« muss. Für sie zählt nicht, die Welt dauerhaft zu beeindrucken, wie es beim 10. Haus der Fall war. Häufig führt das gemeinsame Erschaffen von etwas, das das tägliche Leben besser und lohnenswerter macht, zu sehr großer Befriedigung. Das ist positiv, vorausgesetzt, die beiden Partner sind keine ausgesprochen feurige Temperamente, die die Welt des 6. Hauses niederdrückend finden oder missverstehen und nicht erkennen können, warum sie sich beständig mit dieser irdischen Ebene der alltäglichen, gewöhnlichen Aufgaben und Herausforderungen herumschlagen müssen. Die Composit-Sonne im 6. Haus ist weder unbedeutend noch langweilig, sie stellt aber nicht das, was sie hat, im Schaufenster aus.

Teilnehmer: Meine Freundin und ihr Mann haben die Composit-Sonne im 6. Haus, und sie pflegt ihn. Zuvor haben sie zusammen gearbeitet. Jetzt aber ist er krank.

Liz: Es fällt schwer, die milden Belohnungen der Composit-Sonne im 6. Haus wirklich zu schätzen, wenn man sie nicht selbst im Composit hat. Die Lebenskraft kommt hier immer im Hier und Jetzt zum Ausdruck, in jedem Augenblick, und es ist nicht immer viel vorhanden, was man der Außenwelt zeigen könnte.

Teilnehmer: Was Sie über das Leben von Tag zu Tag sagen, ist interessant. Die Entscheidung zur Heirat ergab sich nämlich hier von einem Tag auf den anderen. Zuvor hatten die beiden zehn Jahre lang zusammengelebt. Plötzlich zogen sie los und vermählten sich. Die Entscheidung kam wie aus heiterem Himmel.

Teilnehmer: Das 12. Haus steht ebenfalls für Dienstbereitschaft. Die Sonne im Composit von Charles und Diana befindet sich zwei Grad vor dem 12. Haus – trifft das auch auf ihre Beziehung zu?

Liz: Auf eine andere Art. »Dienstbereitschaft« hat im 12. Haus viele Bedeutungen, aber kaum die der praktischen Aufgaben im Hier und Jetzt. Im 6. Haus des Composits von Charles und Diana befindet sich der Mond, er bringt aber nicht den Zweck der Beziehung zum Ausdruck. Darüber haben wir ja schon gesprochen. Es gibt auffällige Merkmale des 12. Hauses in ihrem Composit – wir haben über das Thema Opfer geredet und darüber, dass die Beziehung ein Sprachrohr für kollektive Hoffnungen ist sowie ein Gefäß für das Erbe der Ahnen – es handelt sich aber fraglos um eine 11.-Haus-Sonne. Die Beziehung muss ihrem Zweck dienen, indem sie dem kollektiven Bewusstsein hilft, sich zu entwickeln. Beide Häuser sind wichtig, ich würde aber mein Augenmerk vor allem auf das 11. richten.

Ich fürchte, uns läuft die Zeit davon. Leider ist es zu spät, auf die Transite zum Composit von Pat und Phil zu schauen, was ich gern getan hätte. Gibt es vielleicht letzte Fragen oder Kommentare?

Teilnehmer: Die Halbsumme der Aszendenten meiner Eltern fällt in die Waage, und damit würde die nahe Halbsumme in den Steinbock fallen. Was machen Sie mit einem solchen Composit?

Liz: Manchmal passiert so etwas. Sie müssen sich für eins entscheiden – MC oder Aszendent – und den Rest des Horoskops darum gruppieren. Ich würde zunächst schauen, in welchen Häusern die Sonne in den beiden Radix-Horoskopen steht. Wenn nämlich beide die Sonne über dem Horizont haben, ist es sinnvoll, die Composit-Sonne ebenfalls über den Horizont zu platzieren.

Teilnehmer: Ich denke, das Steinbock-MC stimmt. Es entspricht dem Bild, das ihre Eltern vermitteln.

Liz: Dann fiele der Composit-Aszendent in den Widder. Man kann zur Überprüfung auf die Composit-Sonne schauen. Wenn beide Radix-Sonnen in die gleiche Hemisphäre fallen, sollte auch die Composit-Sonne darin stehen.

Teilnehmer: Beide haben die Sonne im 10. Haus.

Liz: Dann sollte auch die Composit-Sonne im 10. Haus stehen. Und damit können Sie auch auf das MC-Zeichen schließen, das am angemessensten scheint.

Teilnehmer: Ins 10. Haus kommt die Sonne bei einem Steinbock-MC. Ich glaube auch, dass der Widder und nicht die Waage das richtige Zeichen für den Aszendenten ist. Sie tragen viele Kämpfe aus, durchaus in offener Form, wenngleich nicht vor allen Leuten. Und sie haben zusammen ein Geschäft.

Teilnehmer: Ich finde das mit dem progressiven Composit schrecklich spannend, besonders für die Zeiten, wenn sich die Leute zum ersten Mal begegnen.

Liz: Ich finde es ebenfalls schrecklich spannend. Das progressive Composit stellt die Entwicklungen in der Beziehung dar, die schließlich dazu geführt haben, dass sich die Partner treffen. Natürlich sind die Transite und Progressionen im individuellen Horoskop ebenfalls von Bedeutung, weil sie zeigen, was in den beiden Personen für sich allein vorgeht. Die Beziehung aber hat ihren eigenen Terminkalender und ihre eigene Zeit. Bei jeder Beziehung können wir das Composit für jeden Punkt vorschieben – für das erste Treffen, den ersten sexuellen Kontakt, die Zeit, als die Entscheidung für die Hochzeit oder fürs Zusammenleben fiel, wann sie das Kind bekamen, wann die Ehe in die Brüche ging, wann einer eine Affäre hatte, wann sie umzogen, wann einer der Partner starb. Wir werden meist sehr viel daraus lernen und eine neue Perspektive gewinnen.

Wichtige Veränderungen in der Eltern-Kind-Beziehung beim

progressiven Composit-Horoskop sind ebenfalls faszinierend – zum Beispiel für die Zeit, als ein Bruder oder eine Schwester zur Welt kam, als jemand in der Familie starb oder wegging, oder für den Tag, als das Kind das Zuhause verließ. Es lohnt die Mühe, sich mit den verschiedensten Phasen der Beziehung zu befassen, weil sie wahrscheinlich alle etwas enthüllen und die tiefere Natur und das Entwicklungsmuster der Verbindung erkennen lassen. Der Zeitpunkt des ersten Treffens nimmt sich im progressiven Composit häufig überraschend aus, er mag dem, was wir erwarten, so gar nicht entsprechen. Während sich im individuellen progressiven Horoskop womöglich ein starker Venus-Aspekt zeigt, sehen wir im Composit vielleicht, dass Uranus, Chiron oder Saturn aktiviert ist. Diese Betonung lässt erkennen, welche Faktoren in der Beziehung zu ihrer Manifestation führten.

Nun sind wir am Ende angelangt. Danke, dass Sie gekommen sind und so viel beigetragen haben.

Bibliographie

Robert Hand. *Planeten im Composit: Astrologie in Beziehungen*. Kailash, München, 1997[5].

Melanie Reinhart. *Die Mondknoten: Das innere Gleichgewicht im Horoskop.* Chiron Verlag, Mössingen 1999.

Melanie Reinhart. *Die Hauptachsen im Horoskop: Verankerung der Existenz.* Chiron Verlag, Tübingen 2002.

Howard Sasportas. *Direction and Destiny in the Birth Chart.* CPA Press, London 1998.

Anhang

Die folgenden Seiten mögen für diejenigen von Nutzen sein, die die Horoskope von Prinz Charles und Prinzessin Diana mitsamt denen für den Zeitpunkt ihres Todes näher untersuchen wollen.

Das Auffälligste am progressiven Composit in Verbindung zum Composit ist, dass der progressive Aszendent zum Zeitpunkt von Dianas Tod auf 16° 37' Skorpion exakt in Konjunktion (auf 5' genau) zum Composit-Saturn stand. Wenn man sich die traditionellen Zuordnungen des Skorpions zum Tod und des 2. Hauses zum physischen Körper (in diesem Fall dem der Beziehung) vergegenwärtigt, könnte damit ein Ende angezeigt gewesen sein, und zwar auf wortwörtliche Weise. Der progressive Composit-Mars auf 26° 00' im Skorpion befand sich im Trigon zum Composit-Uranus auf 26° 37' im Krebs und im Quadrat (Orbis 18') zum Composit-Pluto auf 26° 18' im Löwen. Das Mars-Uranus-Trigon lässt auf eine Freisetzung von Energie schließen, während das Quadrat zwischen Mars und Pluto eine Art von Kampf oder Schicksal nahe legt, die dem »Willen« der Beziehung von kollektiven Kräften aufgezwungen wurde. Weil beide Aspekte sich im Composit auf Planeten des 10. sowie des 11. Hauses beziehen, könnte ein Zusammenhang zu der Art und Weise bestehen, wie Dianas Unfall von der Öffentlichkeit wahrgenommen wurde.

Die Transite zum Composit sind fast ebenso spektakulär wie

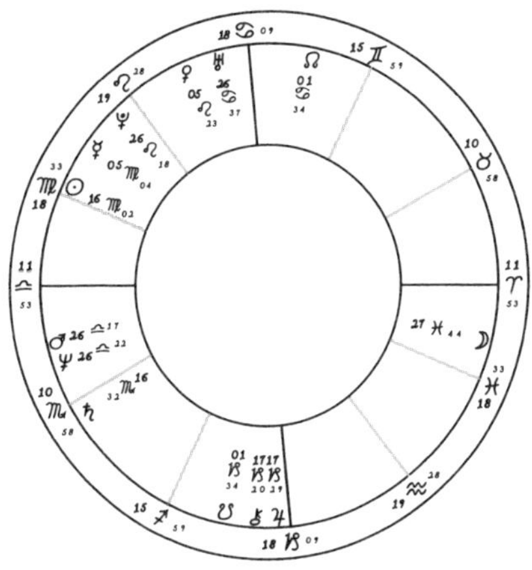

Abbildung 9:
Composit-Horoskop für Charles und Diana

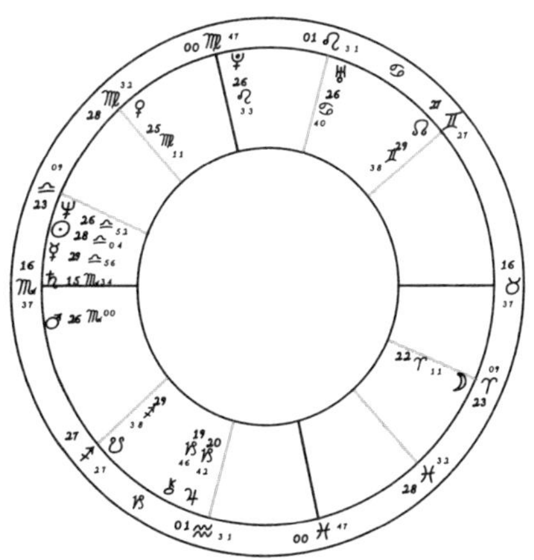

Abbildung 10:
Progressives Composit-Horoskop für Charles und Diana.
Berechnet für den 31. August 1997, 12.15 Uhr MESZ

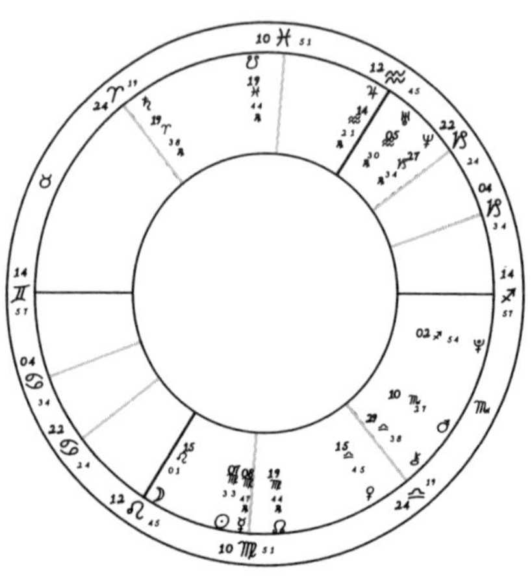

Abbildung 11: Transit-Horoskop für die Zeit von Dianas Tod.
31. August 1997, 12.15 Uhr MESZ, Paris

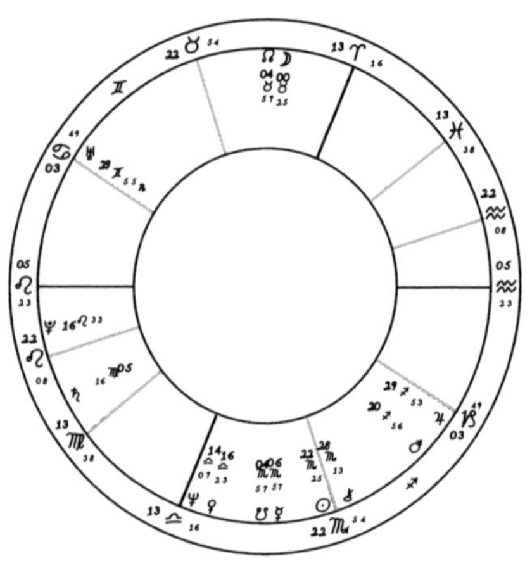

Abbildung 12: Prinz Charles.
14. November 1948, 21.14 Uhr GMT, London

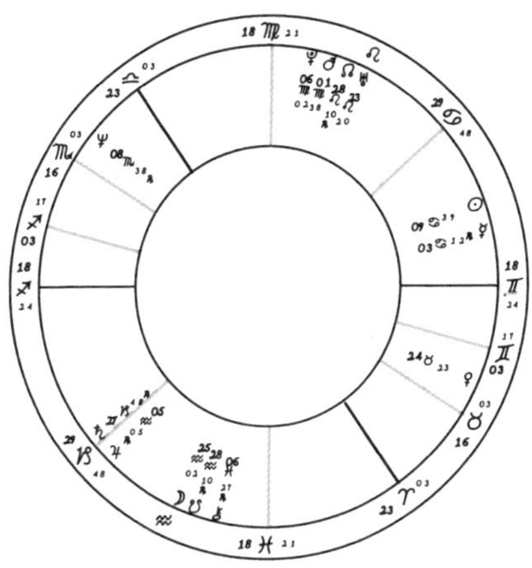

Abbildung 13: Prinzessin Diana.
1. Juli 1961, 19.45 Uhr GMT, Sandringham

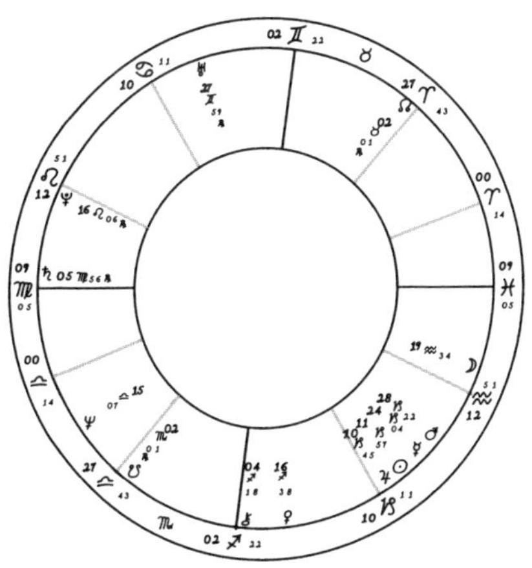

Abbildung 14: Prinz Charles.
Progressions-Horoskop für den Zeitpunkt des Todes von Diana

die Composit-Progressionen. Der Transit-Uranus auf 5° 30' im Wassermann stand in Opposition (Orbis 7') zur Composit-Venus auf 5° 23' im Löwen im 10. Haus. Es gab keinen Transit zu den Achsen im Composit, allerdings ist Venus die Horoskop-Herrscherin. 5° 23' Löwe entspricht auch exakt Charles Aszendent. Uranus im Transit auf dem Radix-Deszendenten symbolisiert häufig eine plötzliche Trennung – eine weitere Interpretation ist wohl nicht nötig. Neptun im Transit stand rückläufig auf 27° 34' im Steinbock, befand sich also bei einem Orbis von einem Grad in Opposition zum Composit-Uranus auf 26° 37' im Krebs, womit das Große Trigon zwischen dem Composit-Mond auf 27° 44' Fische, dem Composit-Uranus sowie dem progressiven Composit-Mars auf 26° 00' Skorpion aktiviert wurde. Diese befremdliche Konfiguration, die zum Zeitpunkt des Unfalls so gut wie exakt war, weist auf eine Auflösung hin sowie auf die Erfüllung einer Art von kollektivem Schicksal.

Der progressive Composit-Aszendent auf 16° 37' Skorpion stand im Quadrat zu Charles Radix-Pluto (Orbis 4'), womit er das Quadrat zwischen dem Radix-Pluto und dem Composit-Saturn aktivierte. Man könnte sagen, dass das Ende der Beziehung ihn zu einer radikalen Veränderung seiner Persönlichkeit und seines Bildes in der Öffentlichkeit zwang (Radix-Pluto im 1. Haus), mehr noch als die Heirat.

Die progressive Composit-Sonne auf 28° 04' Waage stand genau im Sextil zu Dianas aufsteigendem Mondknoten auf 28° 10' im Löwen, der in ihr 8. Haus fällt. Eine weitere interessante Konfiguration ist das progressive Composit-MC auf 0° 47' Jungfrau, das mit einem Orbis von einem Grad genau auf ihrem Radix-Mars auf 1° 38' im 8. Haus zu stehen kommt. Ich behaupte nicht zu wissen, was diese Aspekte bedeuten, allerdings scheinen sie ungemein aussagekräftig zu sein. Es wirkt so, als ob Zweck und Richtung der Beziehung (progressive Composit-Sonne und progressives Composit-MC) an einem Punkt angelangt waren, der in irgendeiner Weise mit ihrem Tod zusammenhing. Das ist eine nahe liegende Schlussfolgerung – der eine

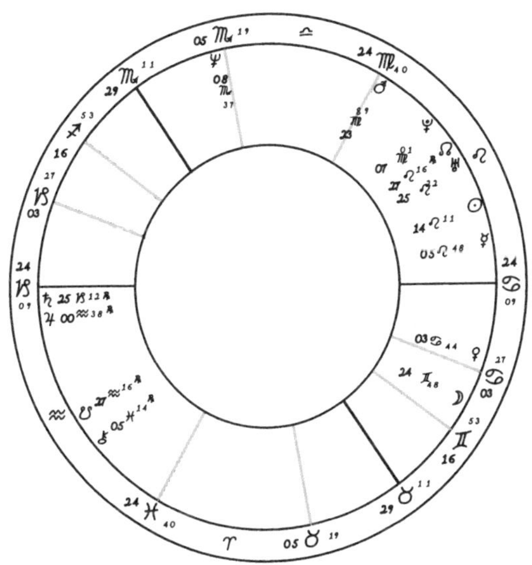

Abbildung 15: Prinzessin Diana.
Progressions-Horoskop für den Zeitpunkt ihres Todes

Tod hat schließlich den anderen Tod herbeigeführt. Nichtsdestotrotz mutet es befremdlich an, dies astrologisch derart abgebildet zu sehen.

Die progressive Venus von Prinz Charles auf 16° 38' im Schützen stand im Quadrat (Orbis 36') zur Composit-Sonne auf 16° 02' in der Jungfrau. Das lässt schließen, dass er in seinem Leben an einem Punkt angekommen war, an dem sein Bedürfnis nach Freiheit und Entdeckungen auf dem Gebiet der Liebe in Kollision geriet mit dem Wesen der Beziehung und den damit verbundenen Pflichten und Opfern (Composit-Sonne in der Jungfrau im 11./12. Haus).

Dianas progressiver Chiron befand sich auf 5° 14' in den Fischen in einer exakten Opposition (Orbis 10') zum Composit-Merkur auf 5° 04' Jungfrau. Weil Chiron zu dieser Zeit rückläufig war, handelte es sich um eine applikative Opposition. Da sich zudem Prinz Charles Saturn auf 5° 16' in der Jungfrau befindet, löste dies die Synastrie zwischen seinem Saturn und dem Composit-Merkur aus, was vermuten lässt, dass Dianas Leiden und Opfer zu der Zeit ihres Todes nicht nur Qual und Trauer in ihm aufsteigen ließ, sondern auch die Art und Weise veränderte, wie die Beziehung mit der Öffentlichkeit kommunizierte. Es überrascht nicht, dass sich Gerüchte ergaben zum Unfall und dessen Ursache, die sogar heute noch nicht verstummt sind.

Es gibt noch viele andere Verbindungen zwischen dem Composit, dem progressiven Composit und den Radix- und progressiven Horoskopen von Charles und Diana, die der Leser im Einzelnen studieren mag. Viele der Verbindungen sind undeutlich und scheinen auf ein Mysterium hinzuweisen, das wir nicht wirklich verstehen können; andere Verbindungen liegen auf der Hand und bilden die Geschehnisse in klarer Form ab. Was sich aus dem angeführten Material aber eindeutig erschließt, ist Folgendes: Die Präzision und Komplexität, mit der Composite und Radix-Horoskope miteinander verwoben sind, öffnen uns die Augen für das ungeheure Netz der menschlichen Verbindungen, die uns mit Ehrfurcht erfüllen für den Großen Plan, von dem wir ein Teil sind.

Standardwerke der Astrologie

LIZ GREENE

Dreiecksbeziehungen

Astrologie in Beziehungskonflikten
174 Seiten, 7 Abb., Broschur

ISBN 3-925100-65-2

Dieses Buch zeigt Ihnen, wie Sie aus dem Horoskop lernen können, eine Dreiecksbeziehung als aufrichtige Prüfung zu nutzen. Meistens versuchen wir Dreiecksbeziehungen aus dem Weg zu gehen, denn sie konfrontieren uns mit schmerzhaften Emotionen. Geraten wir in ein Beziehungsdreieck - sei es als Betrüger, als Betrogener oder als Objekt des Betrugs - so hat dies häufig einen tieferen Sinn. Neben den sexuellen Dreiecksbeziehungen unter Erwachsenen, gibt es weitere mögliche Verhältnisse. Das Familien-Dreieck steht meist am Anfang und hat oft lange Nachwirkungen. Es gibt aber auch Dreiecksbeziehungen zwischen Freunden oder einem nicht menschlichen Faktor so z.B. die Hingabe des Anderen an die Arbeit oder an spirituelle Bestrebungen. Häufig gibt es auch Schutz- oder Macht-Dreiecke oder Dreiecksbeziehungen als Mittel zur Erlangung des Unerreichbaren.
Ausgehend von diesen universellen Erwägungen betritt Liz Greene ein neues Gebiet. Sie ergründet, ob es bestimmte Faktoren im Horoskop gibt, die auf eine Dreiecks-Tendenz schließen lassen. Ebenso geht sie der Frage nach, warum manche Menschen eher als andere in derartige Verhältnisse verwickelt werden und was sie dazu antreibt. Neben diesen lebenspraktischen Themen zeigt sie, welche Herangehensweise Ihnen einen kreativen Umgang mit Dreiecksbeziehungen ermöglicht und welche Hilfestellungen Sie dazu aus dem Horoskop erhalten.

Standardwerke der Astrologie

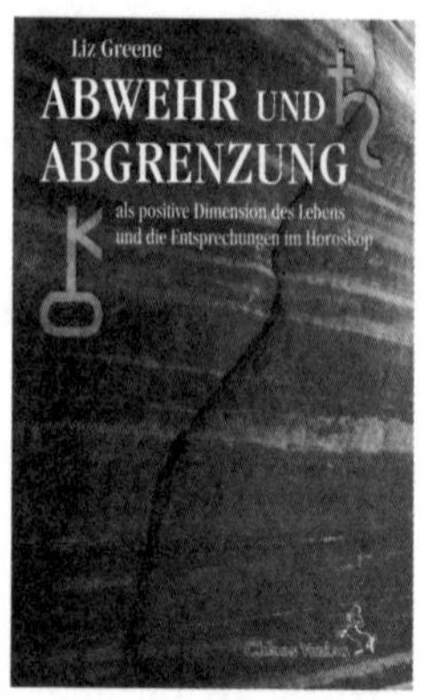

LIZ GREENE

Abwehr und Abgrenzung

als positive Seite des Lebens und die Entsprechungen im Horoskop
Broschur, 314 Seiten, 5 Abbildungen

ISBN 3-925100-33-4

Wir verwenden den Begriff »Abwehr« oft recht sorglos. Schreiben wir jemand eine Abwehrhaltung zu, so bedeutet dies in Wirklichkeit meist, daß er unsere Sichtweise nicht teilt. Aber Abgrenzung ist nicht von vorne herein negativ, denn ohne diese könnten wir nicht existieren. Die Autorin geht aus von der klassischen Beschreibung der Abwehrmechanismen und stellt diese in Beziehung zu den Elementen. Ebenso werden die typischen Abwehrhaltungen, die in den Tierkreiszeichen und den Planeten zum Ausdruck kommen untersucht. Im zweiten Teil geht Liz Greene besonders auf die Erfahrungen mit Saturn und Chiron ein. Die Abgrenzungen durch Saturn werden eingehend diskutiert. Dabei wird vor allem die konstruktive Aufgabe Saturns in den Vordergrund gestellt. Chiron und seine Bedeutung für menschliche Verhaltensmuster werden untersucht, wobei hier vor allem die schwierige Frage der kollektiven Wunde zur Sprache kommt.
Liz Greene zeigt dem Leser die positive Seite der Abwehrhaltungen auf und wie er diese positiv in sein Leben integrieren kann. Sie zeigt Wege, wie wir dem Teil in uns kreativ begegnen können, der ursprünglich unser größter Mangel war.

Standardwerke der Astrologie

LIZ GREENE

Prognose und psychologische Dynamik

Das Horoskop und was es offenbart
280 Seiten, 14 Abbildungen, Broschur

ISBN 3-925100-53-9

In diesem Buch untersucht Liz Greene die psychische Dynamik, die hinter konkreten Ereignissen steckt. Komplexe und Projektionen sind sowohl innere Antriebskräfte, als auch archetypische Bilder für persönliches Schicksal. Mittels astrologischer Prognose können wir erkennen, wann und wie diese Kräfte zum Ausdruck gebracht werden und wie wir diese positiv ausleben können. Wichtig ist dabei zu wissen, dass Transite und Progressionen auf unterschiedlichen Ebenen erlebt werden können. Wann kommt es zu einem Ereignis? Wann ist es für den Betroffenen real? Transite und Progressionen enthüllen uns die zeitliche Entfaltung des Geburtshoroskops und spiegeln die Auslösung der Komplexe wider. Die Autorin zeigt dabei vor allem, wie der Geborene sich seine eigene Realität erschaffen kann. Darüber hinaus hat er aber auch die Möglichkeit, Geschehnisse zu ändern oder zu transformieren. So erfährt der Leser, wie sich innere und äußere Wirklichkeit in Einklang bringen lassen.

»Abgesehen von dem fundierten psychoanalytischen Wissen, das auch dieses Buch als Standarwerk der modernen Astrologie auszeichnet, gefällt mir vor allem die Verknüpfung von psychologischer und prognostischer Astrologie.« *Meridian*

Standardwerke der Astrologie

LIZ GREENE

Uranus im Horoskop

Prometheus und die Kunst,
das Feuer zu stehlen
320 Seiten, 12 Abbildungen, Broschur

ISBN 3-925100-44-X

Uranus ist immer für eine Überraschung gut! Vor allem lässt sich seine astrologische Bedeutung nicht einfach festlegen. Gerne wird er mit dem Begriff »Individualität« gleichgesetzt, doch damit werden die uranischen Kräfte nicht umfassend beschrieben. In dem vorliegenden Buch zeigt Liz Greene die Querverbindungen zu mythologischen Bildern und zu historischen Ereignissen auf. Dabei stützt sie sich vor allem auf den Mythos des Prometheus, der den Göttern das Feuer der Kreativität stiehlt und den Menschen damit die Möglichkeit zur Bewusstseinserweiterung gibt. Die Strafe des Prometheus steht für den Preis, den wir für nicht gelebtes uranisches Wissen bezahlen.
Uranus' Bedeutung im Geburtshoroskop wird ausführlich besprochen. Dabei stehen vor allem die Stellung in den Häusern, die Aspekte zu den persönlichen Planeten sowie sein Bezug zum Körperbewusstsein im Mittelpunkt.
Im zweiten Teil werden die Transite von Uranus und Saturn untersucht. Indem Li Greene einen mythologischen und psychologischen Zugang wählt, eröffnet sie dem Leser die Möglichkeit, über eine oberflächliche Deutung anhand von Schlüsselbegriffen hinaus zu gelangen. Ein umfassendes und in die Tiefe gehendes Buch über den Planten Uranus im Horoskop, das seinesgleichen sucht.

Standardwerke der Astrologie

MELANIE REINHART

Die Hauptachsen im Horoskop

Verankerung der Existenz
150 Seiten, 5 Abbildungen, Broschur

ISBN 3-925100-67-9

Die Hauptachsen teilen das Horoskop in vier gleiche Teile. Aszendent, MC, Deszendent und IC befinden sich an deren Spitze. An den Hauptachsen und den davon abgeleiteten Häusern erkennen Sie, wo Ihr existentielles Potential liegt. Sie zeigen Ihnen, wie Sie in der Welt verankert sind und verdeutlichen Ihnen die Grundmuster, aus denen Ihre Lebensgeschichte besteht. Die Hauptachsen konfrontieren Sie mit den eigentlichen Fragen der Existenz: Wer bin ich? Wer bist Du? Woher komme ich? Wohin gehe ich?
Die Autorin nimmt den Leser mit auf eine Reise um die Eckpunkte des Tierkreises. Sie beschreibt die Bedeutung der zugehörigen Elemente und Qualitäten. Besonders wichtig sind dabei die Transite der äußeren Planeten, da diese mit dem Anfang oder Ende ganzer Lebensabschnitte korrespondieren.

»Noch mehr sind es die Deutungsbilder der Autorin, die man in dieser Gehaltfülle so noch nicht gelesen hat. Melanie Reinhart nimmt den Leser mit auf eine Reise um die Eckpunkte des Tierkreises, auf der sie die Bedeutung der zugehörigen Elemente und Qualitäten einfühlsam und nachvollziehbar beschreibt. Kurzum: Der Autorin gelingt es, die Hauptachsen persönlich erfahrbar werden zu lassen – und zwar durch die Konfrontation mit den eigentlichen Fragen des Seins.«

MerCur – Trends aus Astrologie, Psychologie und Gesundheit

Standardwerke der Astrologie

MELANIE REINHART

Die Mondknoten

Das innere Gleichgewicht im Horoskop
162 Seiten, 15 Abbildungen, Broschur

ISBN 3-925100-41-5

Die Bahnen von Sonne und Mond überschneiden sich an zwei im Tierkreis gegenüberliegenden Stellen: den Mondknoten. Die Mondknoten bilden somit eine wichtige Achse im Horoskop. Eine häufig gestellte Frage lautet aber: wie soll man die Mondknoten zuverlässig deuten? Meistens wird der südliche Mondknoten als Vergangenheit im persönlichen wie auch im karmischen Sinne betrachtet und der Nordknoten als die Zukunft. Melanie Reinhart zeigt jedoch, daß dies nur eine eingeschränkte Sichtweise der Mondknotenachse bedeutet. In den Mondknoten tauschen sich die Prinzipien von Sonne, Mond und Erde aus. Die beiden Knoten ergänzen sich und schaffen so ein inneres Gleichgewicht.

Sie untersucht den rückläufigen Zyklus und zeigt dessen Bedeutung als Weg zur inneren Balance. Gerade diese Sichtweise auf die Mondknoten als ein Faktor zum Ausgleich der Gegensätze zeichnet das Buch besonders aus. Anhand leicht nachvollziehbarer Fallstudien erhält der Leser Anleitungen zur Deutung der Mondknoten und gelangt zu einem erweiterten Verständnis dieser wichtigen Achse im Horoskop. Endlich ein Buch mit einer lebensnahen Auslegung der Mondknotenachse.

Standardwerke der Astrologie

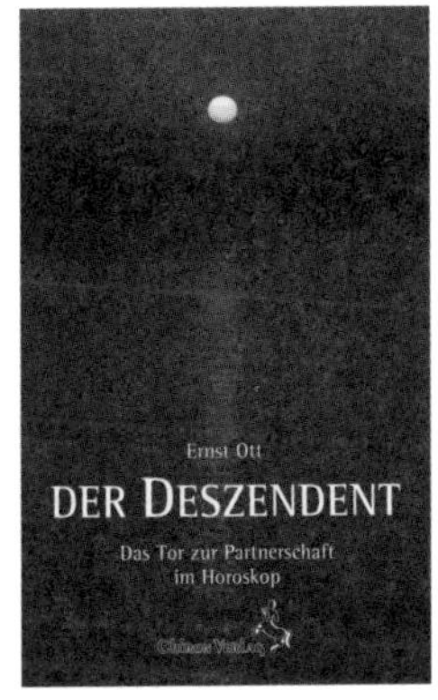

ERNST OTT

Der Deszendent

Das Tor zur Partnerschaft im Horoskop
Broschur, 265 Seiten, 38 Abbildungen

ISBN 3-925100-43-1

Der Deszendent entspricht dem Westhorizont, an dem die Sonne untergeht. Gibt es ein schöneres Bild für die Liebe als einen romantischen Sonnenuntergang? Während der Aszendent unser Selbstbild darlegt, ist der Deszendent das Symbol für unser Partnerbild. Mit der Himmelsrichtung Westen ist aber auch die Faszination der Macht verknüpft, denn der Ort der untergehenden Sonne weckt die Lust zu erobern. Zudem stehen wir am Deszendenten am Scheideweg, denn es stellt sich die Frage, ob und wieweit wir uns auf den Partner einlassen wollen. Bei einer genauen Kenntnis des Deszendenten erfahren wir alles über die innere Bereitschaft zur Liebe.

- Warum fühlen wir uns zu einem bestimmten Menschen hingezogen?
- Was wollen wir in der Liebe erobern?
- Welche Machtspiele treten in der Beziehung auf?
- Was bedeutet es sich zu binden?
- An welche Grenzen geraten wir in einer Beziehung?

Der Leser erhält ausgiebige Beschreibungen des Deszendenten in den Tierkreiszeichen, jeweils mit dem dazugehörigen Selbstbild und Partnerbild. Anhand vieler Beispiele wird gezeigt, wie sie die Themen des Deszendenten entwickeln können. Wenn Sie besser verstehen wollen, was Ihnen begegnet und wenn Sie mit mehr Zufriedenheit lieben wollen, so können Sie von Deszendenten Ihres Horoskops viel Wichtiges dazu erfahren.

Standardwerke der Astrologie

LIANELLA LIVALDI LAUN

Lilith in der Partnerschaft

Selbstverwirklichung durch den Schwarzen Mond
150 Seiten, 33 Abbildungen, Broschur
ISBN 3-925100-72-5

Lilith steht für das Besondere in einer Beziehung. Sie beeinflusst uns mit einer sehr unberechenbaren Energie, die sich von einem Extrem zum anderen manifestieren kann. Sie vermag manchmal destruktive Auswirkungen haben, uns andererseits aber genauso aus schwierigen Verstrickungen befreien. Das Drama ist ein Thema, das Lilith zugehört, weil Menschen mit einer starken Lilithbetonung sich in Bezug auf Partnerschaft nach intensiven Erfahrungen sehnen. Lilith spielt auch eine große Rolle bei Beziehungen, die aus den Normen fallen, wie z.B. Beziehungen von homosexuellen Paaren, zwischen Partnern mit einem großen Altersunterschied oder zwischen Personen aus sehr unterschiedlichen kulturellen Gesellschaften. Auch Partnerschaften auf Distanz sind eine Lilith-Entsprechung, denn dadurch werden die Partner vor der gefährlichen Nähe verschont. Es gehört nicht zu der Natur von Lilith, große Opfer für die Partnerschaft und für die anderen aufzubringen, und erst recht nicht, wenn sie sich dazu gezwungen fühlt. Die Autorin verfügt über eine jahrelange Erfahrung als Beziehungsberaterin. Sie beleuchtet alle Gesichtspunkte einer Partnerschaft mit dem Lilith-Prinzip. Sie zeigt, welche Funktion dies für das eigene Erleben einer Beziehung im Leben einer Frau oder eines Mannes spielt. Neben diesen ausführlichen Deutungen für das Geburtshoroskop bespricht sie Lilith auch im Partnervergleich, im Composit und im Begegnungshoroskop und macht ihre Erkenntnise durch viele Beispiele aus dem Leben anschaulich.